카카오와 네이버는 어떻게 은행이 되었나

kakao와 **NAVER**는 어떻게 은행이 되었나

핀테크 트렌드로 보는
밀레니얼이 원하는 미래 금융

김강원 지음

핀테크, 금융을 넘어
산업의 판을 흔들다

카카오가 처음 사람들에게 알려지기 시작한 것은 2010년, 불과 10년 전 일이다. 이후 카카오는 메시지를 넘어 피처폰 시대의 종말을 고했을 뿐 아니라 게임, 택시, 음원 스트리밍 등 전방위적으로 사업을 확장하며 우리의 일상 자체를 바꿨다. 하지만 이때까지만 해도 카카오가 은행의 존립까지 위협하는 존재가 될 것이라고는 그 누구도 예상하지 못했다.

현재 카카오의 시가총액은 30조 원을 넘어섰다. 한국의 가장 큰 금융지주사인 KB금융과 신한금융의 시가총액이 각각 15조 원 수준임을 고려하면, 카카오는 이 둘을 합한 것보다 더 큰 회사로 성장한 것이다. 카카오가 내놓은 카카오뱅크(2017년 출시)와 카카오페이(2016년 출시)는 금융업에서의 여러 성공 공식을 새로이 쓰며

몇 년 사이에 우리나라에서 가상 많은 사용자를 확보한 모바일 뱅킹 서비스이자 은행을 위협하는 간편송금 서비스로 자리 잡았다.

국내 1위 인터넷 검색 포털 사이트인 네이버 역시 간편결제 서비스인 네이버페이를 시작으로 자회사 네이버파이낸셜을 분사해 핀테크 사업에 속도를 내고 있다. 이들은 월 1,200만 명 이상의 네이버페이 사용자와 네이버쇼핑(스마트스토어)에 입점한 25만 명의 사업자 고객을 대상으로 후불 결제, 대출 등 여러 금융 상품을 선보이며, 2010년 시가총액 8조 원에서 현재 50조 원을 넘어섰다. 이런 급격한 변화는 전통 금융기관들조차 IT 기업들을 예의 주시하며 생존을 위한 전략 마련에 고심하게 만들었다.

사실 이러한 변화는 이미 많은 곳에서 지적하듯 어느 정도 예견된 일이었고, 전 세계적으로 일어나고 있는 자연스러운 흐름이다. 중국에서는 알리바바가 이끄는 앤트그룹이, 동남아시아에서는 그랩이 전통 금융기관들을 능가하며 은행의 기능을 수행하고 있다. 미국, 영국, 싱가포르와 같은 금융 선진국에서도 여러 핀테크 기업이 혁신적인 서비스를 통해 빠른 속도로 고객을 끌어모으며 전통 금융기관들을 위협하고 있다. 여기에 애플, 이마존, 구글, 페이스북과 같은 거대 IT 기업들까지 핀테크 경쟁에 가세하면서 금융업의 변화는 더욱 거세질 것으로 보인다.

금융 혁명이 아니다, 비즈니스 모델 혁명이다

—

우리가 한 가지 주목해야 할 사실은 금융업의 변화가 단순히 거대 테크 기업 또는 몇몇 핀테크 스타트업만의 전유물이 아니라는 것이다. 금융업에서 발생한 일련의 변화는 새로운 금융 회사를 출현시켰을 뿐 아니라 여러 산업에서 혁신적인 금융 서비스를 직접 만들어낼 수 있도록 금융 시장의 진입 장벽을 낮췄다. 물건을 판매하는 커머스 회사에서도, 이동통신망을 제공하는 통신사에서도, 심지어 여러 사회 활동을 벌이는 복지 단체에서까지 금융을 결합한 새로운 서비스를 선보이며 자신들의 서비스 경쟁력을 높이고 있다.

대표적으로 이커머스 스타트업 쿠팡은 간편결제 서비스인 '쿠페이' 서비스를 통해 고객이 별도의 복잡한 결제 과정 없이 물건을 구매할 수 있게 했다. 이는 주문 과정을 간소화해 주문량 자체를 늘리기도 했지만, 고객이 쿠페이에 충전해둔 자금을 기반으로 투자와 금융 거래와 같은 새로운 서비스를 제공할 수 있는 기회를 마련해줬다. 쿠팡은 현재 핀테크 사업부를 별도의 자회사로 분사해 더욱 공격적으로 핀테크 사업 영역을 확대하고 있다.

이베이코리아도 간편결제 서비스 '스마일페이'를 통해 자사 쇼핑몰(옥션)뿐만 아니라 오프라인 가맹점으로까지 결제 사업을 확장

카카오와 네이버는 어떻게 은행이 되었나

하고 있다. 2018년 6월 첫선을 보인 '스마일카드'는 이베이코리아가 현대카드와 제휴한 상업자 표시 신용카드PLCC, Private Label Credit Card로 현재 많은 가입자를 확보했다. 스타벅스는 모바일 주문 시스템인 사이렌오더를 통해 고객이 매장에서 줄 서지 않고도 커피를 주문할 수 있게 하면서, 동시에 상당한 잔액을 스타벅스 계좌에 묶어두고 있다. 이뿐만 아니라 SK텔레콤은 관계사 핀크를 통해, KT는 계열사인 인터넷전문은행 케이뱅크를 통해 금융업에 뛰어드는 등 여러 산업에서 금융 서비스에 관심을 보이고 있다.

이처럼 금융과는 거리가 멀어 보였던 기업들이 기존 사업을 기반으로 새로운 금융 서비스를 만들어내고 있다. 이는 핀테크를 단순히 금융 혁명으로 인식해서는 안 된다는 것을 보여준다. 이들은 전통 금융기관들의 자금 모집이나 융통과 같은 기능을 직접 수행하지 않고도 자신들의 비즈니스를 확장하거나 질을 높이며 여러 혁신적인 금융 서비스 모델을 새롭게 만들어내고 있다.

모든 기업과 사업에 열릴 기회를 포착하라

—

금융 서비스에 대한 관심과 니즈는 분야를 막론하고 앞으로도 계속 커질 것이다. 기업은 기존 서비스의 성과와 고객의 만족도를 제고하는 것은 물론이고, 새로운 수익원을 창출하기 위해 새로운 금융 서비스를 지속적으로 발굴할 것이다. 무엇보다 이 같은 새로운 비즈니스에 대한 가능성은 일부 거대 테크 기업들만의 이야기가 아니라 세상에 존재하는 모든 기업과 기관, 프로젝트에 열릴 것으로 보인다.

이 책은 금융 서비스 시장의 현재와 가까운 미래를 다룬다. 그러나 단순히 트렌드를 짚는 것에 멈추지 않고 어떤 산업이든 독자들이 금융 서비스 시장에 열린 기회를 빠르게 포착하고, 직접 활용할 수 있도록 하고자 한다. 따라서 시간을 관통하는 핀테크 서비스 성장의 핵심적인 흐름을 소개한다.

1부에서는 금융 서비스 시장에 있었던 우리 주변의 여러 변화를 핵심 트렌드를 중심으로 정리한다. 2부에서는 금융 서비스 변화를 이끌고 있는 전 세계 유니콘 기업들의 성장 방식에 대해 살펴본 뒤, 금융 서비스를 어떻게 성공적으로 키울 수 있는지에 대한 구체적인 방안을 논의한다. 마지막으로 3부에서는 앞으로 금융 서비스 시장에 발생할 것으로 예상되는 여러 주요한 변화를 예측하고, 기업이 이에 어떻게 효과적으로 대응할 수 있는지를 다룬다.

독자들이 이 책을 읽으면서 핀테크가 금융업만의 이야기가 아니라 우리 주변에서 움직이는 변화임을 느끼게 되기를 기대한다.
자신이 몸담고 있는 회사나 사업에 중요한 새로운 비즈니스 기회
를 포착하고, 어떤 기업이 변혁을 주도하며 넥스트 핀테크 유니콘
으로 성장할지 예상해 투자할 수 있을 것이다. 지금부터 금융 서비
스에 관한 가장 최신의 앞선 논의를 시작한다.

2020년 12월
김강원

차례

2부

IT를 업고 부상한 신흥 금융 강자들

3부

핀테크 트렌드로 보는 미래 금융

Fintech

오늘날의 고객은 더는 불편하고 복잡한 서비스를 참지 않는다. 더욱 간편하고 더 나은 혜택을 주는 곳이라면 언제든지 쉽게 선택을 바꾼다.

10년 전, 모바일 메신저를 출시한 작은 스타트업은 현재 대한민국을 대표하는 IT 기업으로 자리 잡으며 이제는 기존 은행의 자리까지 넘보고 있다. 더 이상 기업의 규모가 중요치 않은 세상이 온 것이다. 이런 움직임은 온라인 쇼핑몰, 통신사, 그리고 부동산 등 산업 전반에 영향을 끼치며 우리 주변 가장 가까운 곳에서부터 변화를 일으키고 있다.

IT의 습격,
금융의 중심에 선 핀테크

인터넷전문은행이 도입된 2017년 초까지만 해도 국내 유수의 기관에서는 인터넷전문은행의 시장 진입이 금융업에 그리 위협적이지 않다고 예측했다. 그들이 제공할 수 있는 상품과 서비스가 전통 금융기관에서 제공하는 상품과 서비스에 비해 크게 차별화되지 못해 고객이 체감할 가치가 크지 않다는 것이 그 근거였다.

실제로 당시 국내 주요 은행에서는 인터넷전문은행의 등장에 앞서 중금리 대출 상품을 앞다퉈 출시했고, 모바일 뱅킹에 특화된 예금 상품을 개발하는 등 여러 프로모션을 통해 고객 유치에 열을 올렸다. 인터넷전문은행이 제공할 것으로 예상한 상품과 서비스를 기존 은행들이 미리 제공한 것이다. 이에 기존 은행과 인터넷전문은행이 제공하는 상품과 서비스를 단순 비교했을 때 인터넷전문은

카카오와 네이버는 어떻게 은행이 되었나

행에 대한 이 같은 회의적 시각이 일견 타당했다. 하지만 카카오뱅크가 출범한 그 날, 이 모든 예측은 빗나갔음이 증명됐다.

카카오뱅크, 메기가 아닌 대세가 되다

—

과거 유럽 어부들은 신선도가 생명인 청어를 운송하기 위해 수조에 청어의 천적인 메기를 함께 넣어 보냈다. 이렇게 하면 청어가 메기로부터 살아남기 위해 열심히 움직여서 도착하고 나서도 싱싱한 상태의 청어를 받아볼 수 있었다고 한다. 2015년 금융위원회는 인터넷전문은행의 도입을 발표하면서 이 '메기 효과'를 거론했다.

그러나 카카오뱅크는 메기를 넘어 대세로 자리 잡았다. 출시 2년 만에 모바일 애플리케이션 사용자 수로 모든 은행을 압도하더니 출범 3년째를 맞는 2020년 지방은행의 자산 규모를 능가하기 시작했다. 현재 카카오뱅크의 가입자 수는 1,250만 명으로 전 국민 네 명 중 한 명이 사용하는 국내 1위의 모바일 뱅킹이 되었다. 한 달 동안 해당 서비스를 이용한 순수 사용자 수를 나타내는 지표인 MAU Monthly Active Users(월간 사용자)도 1,100만 명으로, 카카오뱅크 고객의 90% 이상이 단순히 앱만 설치한 것이 아니라 이를 활발히 사용하고 있음을 알 수 있다.

한국은행이 발표한 '모바일 금융 서비스 이용 현황'에 따르면 인터넷전문은행과 일반 은행의 모바일 뱅킹을 모두 사용하는 사

카카오뱅크는 출시 3년 만에 전 국민 네 명 중 한 명이 사용하는 모바일 뱅킹 1위 서비스로 올라섰다.

람들의 56%가 둘 중에 인터넷전문은행의 서비스를 더 선호한다고 답했다. 그 이유로는 '서비스가 편리하고, 혜택이 다양하다'라는 응답이 가장 많았다.[1] 실제로 카카오뱅크를 사용하는 고객을 만나보면 "다른 시중 은행과 비교해 카카오뱅크 금리가 높은 것은 아니지만, 복잡한 과정 없이 카톡하듯 송금하고, 쉽게 돈 관리를 할 수 있어서 사용한다"라고 말한다. 카카오뱅크는 우리가 당연하게 써왔던 공인인증서와 보안카드를 없애고, 예·적금에 가입할 때마다 귀찮게 읽어야 했던 문서들을 간단한 방식으로 전하면서 많은 사람들이 찾고 있다. 심지어 복잡한 수수료 체계도 없앴다.

이런 시도는 이제 업계 표준으로 자리 잡았다. 기존 은행들은 자신들의 모바일 뱅킹을 카카오뱅크 화면처럼 간소화하고, 인증 과정도 지문이나 얼굴 확인으로 대체한다. 은행의 수익 모델 중 하나인 수수료까지 없애면서 가가오뱅크의 움직임에 촉각을 곤두세우며 변화를 좇기 위해 혈안이 되어 있다.

핀테크 유니콘, 금융의 중심에 서다

—

'대마불사大馬不死' 또는 'Too big to fail'이라는 말을 믿으며 기술 변화의 흐름에 저항해온 기존 금융기관들이 이제는 디지털 격변 속에서 생존하기 위한 전략 개발에 고심하고 있다. 이미 구조적으로 저성장 국면에 접어든 세계 경제를 고려할 때 저금리 기조는 개선될 기미를 보이지 않고 전통적인 금융사의 오프라인 지점에서 창출되는 이자 중심 사업 모델은 점차 한계에 봉착하고 있다. 이미 세계 경제 성장률은 2019년 2%대를 기록한 것을 넘어, 2020년 예상치 못한 코로나의 습격으로 인해 최초로 −4∼−5%대의 역성장을 기록할 전망이다. 국내 금융기관들의 이자마진에 의존한 사업 구조는 다변화를 필요로 하고 있다. 실제로 국내 은행들의 수익 창출 능력을 보여주는 대표적인 지표인 순이자마진율NIM Ratio, Net Interest Margin Ratio은 역대 최저 수준이다.

반면 핀테크 서비스는 영향력을 확대하며 빠르게 성장하고 있다. 미국에서는 페이팔PayPal, 벤모Venmo 등 간편송금 서비스의 개

세계 경제 성장률 추이 및 전망

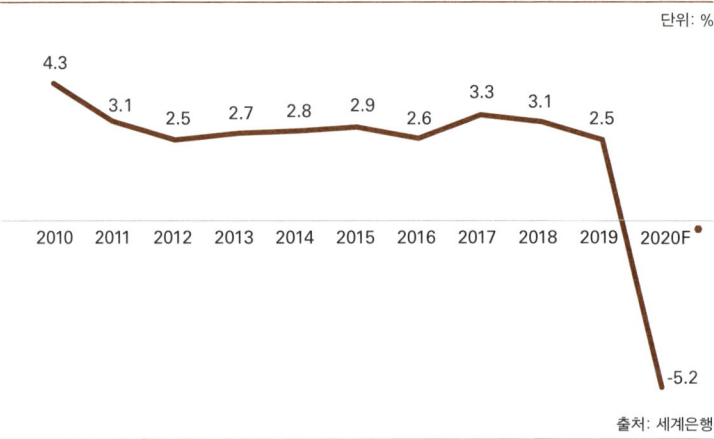

단위: %

4.3 3.1 2.5 2.7 2.8 2.9 2.6 3.3 3.1 2.5 2020F

2010 2011 2012 2013 2014 2015 2016 2017 2018 2019

-5.2

출처: 세계은행

경제 성장은 원래 지속적으로 둔화하는 추세였지만, 코로나는 이런 흐름에 직격탄을 날렸다.

국내 은행의 순이자마진율 추이

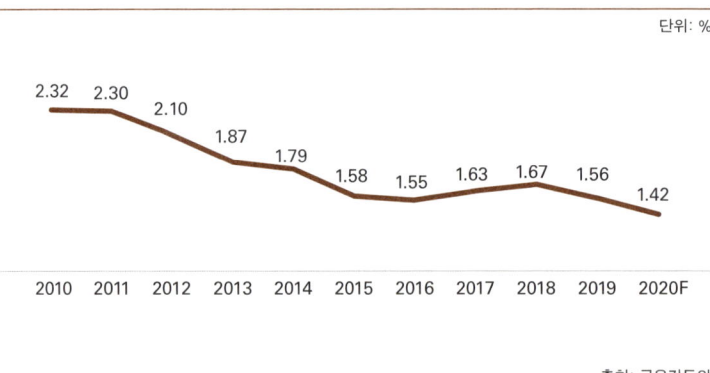

단위: %

2.32 2.30 2.10 1.87 1.79 1.58 1.55 1.63 1.67 1.56 1.42

2010 2011 2012 2013 2014 2015 2016 2017 2018 2019 2020F

출처: 금융감독원

국내 은행들의 이자수익률은 기준금리 하락 등의 영향으로 꾸준한 하락세에 있다.

• F: 추정치|Forecast

카카오와 네이버는 어떻게 은행이 되었나

인 간 송금액이 뱅크오브아메리카Bank of America, 체이스Chase, 웰스 파고Wells Fargo와 같은 대형 은행 수준으로 증가했다. 한국에서도 핀데크 서비스를 활용한 간편결제, 간편송금 규모가 각각 일평균 1,700억 원, 2,300억 원을 넘으시며 진동 금융기관들을 위협하고 있다.[2] 금융기관의 소비자들은 그동안 웬만해서는 다른 경쟁 금융기관으로 이탈하지 않았지만, 간편함을 무기로 내세운 새로운 핀테크 서비스로는 빠르게 옮겨갔다.

중국 최대 전자상거래 기업인 알리바바Alibaba에서 결제 편의를 위해 출시한 '알리페이Alipay'는 현재 알리바바의 핀테크 전문 자회사인 앤트그룹에서 제공하고 있다. 이들은 서비스 초기부터 알리바바의 거대한 고객 기반을 활용해 신용카드가 없는 중국 고객의 특성에 맞게 은행 계좌나 휴대폰을 결제 수단으로 제공했다. 이후 이를 토대로 대출, 투자, 보험과 같은 다양한 금융 영역으로 사업을 확장하며 세계 최대의 핀테크 기업으로 성장했다. 이들이 제공하는 MMF Money Market Fund(단기 금융 펀드 상품의 일종) 상품 '위어바오'는 세계 최대 규모다. 중국 전체 인구의 40%가 가입했을 정도로 널리 보급된 대표적인 핀테크 금융 상품이다.

싱가포르에 본사를 두고 있는 동남아시아 공유 차량 서비스 업체인 그랩은 공유 차량 서비스를 통해 금융 시장을 장악하고 있는 핀테크 기업이디. 동남아시아 대부분의 국가는 계좌나 카드와 같은 결제 수단이 없는 고객이 대다수로 금융업이 초기 단계다. 이런 동남아시아에서 그랩은 자신들이 확보한 1억 8천만 명 이상의 고객 기반을 활용해 금융 서비스로 지변을 넓히고 있다. 이에 대해 영국의 경제 주간지 〈이코노미스트〉는 "그랩이 성공한다면 동남아시아의 기존 은행들은 선진국의 종합 소매 금융업과 같이 발전하지 못할 가능성이 있다"고 분석하기도 했다.

세계에서 두 번째로 큰 규모의 금융 시장을 자랑하는 영국에서도 챌린저 뱅크Challenger Bank●가 급성장하고 있다. 챌린저 뱅크는 영국의 인터넷전문은행으로 영국 정부가 금융 위기 이후 은행 간 경쟁을 촉진하기 위해 인가한 바 있다. 이들은 지난 10년간 오프라인 지점 없이 모바일과 인터넷만으로 은행 서비스를 제공하면서 1,500만 명의 고객을 모았다. 이 기세를 이어간다면 2023년까지 유럽 내에 8,500만 명 수준의 고객을 확보하며 기존 은행들과 동등한 위치에 설 것으로 점쳐진다. 이로 인해 일각에서는 향후 5년 이내에 유럽 은행의 10%가량이 도산할 수 있다는 분석도 제기된다.

구글과 아마존, 금융을 서비스하다

앞으로 구글, 아마존, 애플과 같은 세계적인 IT 기업들이 금융업에 가세하면서 경쟁은 더욱 격화될 것으로 보인다. 이미 중국에서는 IT 산업을 이끄는 알리바바와 텐센트가 금융 시장을 장악하고 있다. 알리바바가 자회사 앤트그룹을 통해 결제, 대출, 투자, 보험, 인터넷전문은행 등 분야를 가리지 않고 금융 사업에 뛰어들었던 것처럼 중국의 카카오톡이라 할 수 있는 위챗Wechat과 큐큐QQ를 운영하는 텐센트 역시 결제 서비스 위챗페이Woohat Pay와 인터넷선문은행 위뱅크WeBank를 중심으로 대출, 투자, 보험 등 금융 서비스를 세공하고 있다. 이들은 다른 국가에 자신들의 서비스를 이식하는 것보다 중국이라는 단일 시장에 최대한 많은 종류의 금융 서비스를 종합적으로 제공하는 것에 중점을 두고 있다. 다른 국가에는 지분 투자를 하거나 협력 계약을 맺는 간접적인 방식으로 접근 중이다.

반면 미국의 IT 기업들은 핀테크보다는 자신들의 기존 상품이나 서비스를 지역적으로 확장하는 데 집중한 것으로 보인다. 구글, 아마존, 애플 등 대형 IT 기업들이 금융 서비스를 출시하려는 시도는 있었지만 적극적이지 않았다. 페이팔도 대출, 카드 등 금융 사업에 착수했으나 앞서 언급한 중국의 두 기업(알리바바, 텐센트)만큼 공격적인 사업 영역 확장은 아니었다. 이는 국가마다 규제 사항이 많아 다국적 기업이 여러 국가에 한 번에 서비스를 제공하기 힘든 금융업의 특성도 영향을 끼쳤을 것이다.

하지만 핀테크 시장이 저변을 크게 넓히면서 미국의 주요 IT 기업들도 이제는 적극적으로 투자할 것으로 보인다. 구글은 2019년 11월 씨티뱅크Citibank와 함께 구글페이Google Pay 앱을 통해 은행 계

* 챌린저 뱅크Challenger Bank: 영국에서 인터넷전문은행을 부르는 명칭이다. 대형 금융 기관의 독점력을 축소하고, 은행 간에 경쟁을 불러일으키기 위해 도입된 디지털 은행을 가리킨다.

좌 개설을 지원하겠다고 발표했다. 이어 2020년 8월에는 미국의 6개 은행과 추가로 협력할 것을 밝혔다. 구글은 금융업과의 협업을 통해 금융과 관련한 상당한 고객 데이터를 확보할 것으로 보인다. 구글의 한 임원은 "구글 광고처럼 광고주에게 금융 정보를 공유하지는 않겠다"[3]고 했지만, 이것이 구글이 해당 데이터를 활용하지 않겠다는 의미는 아니다. 은행 계좌에서 얻은 사용자의 수입, 지출 정보 등은 기존 구글 서비스에서 확보 가능한 위치 및 이동, 스마트폰 활용 패턴, 웹 방문 기록과 같은 다른 정보와 결합해 상당한 가치를 창출할 가능성이 있다.

아마존은 이미 법인 대상 대출 서비스인 아마존 렌딩Amazon Lending, 결제 서비스 아마존페이Amazon Pay, 현금 충전 서비스 아마존 캐시Amazon Cash 등을 통해 핀테크 사업을 적극적으로 수행하고 있다. 특히 음성 기반의 스마트 스피커인 아마존 에코Amazon Echo를 통한 음성 결제, 무인 매장 아마존 고Amazon Go를 통한 생체 인식 결제 부문에서 업계를 선도하고 있다. 또한 아마존 캐시는 은행 계좌나 카드를 갖고 있지 않은 사람*들을 대상으로 광의의 계좌 서비스를 제공한다.[4]

아마존은 앞으로 더 많은 금융 상품을 판매하기 위해 핀테크 사업을 더 키울 것으로 보인다. 2020년에 이미 골드만삭스, ING 등 금융사와 함께 대출 서비스를 확대하기로 발표했고, 디지털 결제

● 언뱅크Unbank라 불리는 고객층으로 미국 연방예금보험공사FDIC의 조사에 따르면 미국 인구의 25%가량이 이에 해당한다.

카카오와 네이버는 어떻게 은행이 되었나

출처: 애플

티타늄으로 제작된 애플카드에는 애플과 마스터카드 로고가 음각 처리되어 있고 카드번호, 유효기간, CVC 코드 없이 카드 사용자 이름만 적혀 있다. 애플카드의 세련된 디자인은 이 상품의 매력 요소 중 하나다.

를 이용하기 어려운 콜롬비아, 칠레 등 17개 국가를 중심으로 현금 기반의 결제 서비스인 아마존 페이코드Amazon PayCode 등 새로운 결제 서비스를 속속 선보이고 있다.

　애플은 2014년 애플페이Apple Pay를 출시하며 결제 사업에 뛰어들었다. 2019년 8월에는 마스터카드, 골드만삭스와의 협력을 통해 실물 형태의 애플카드Apple Card를 출시했다. 사용 금액의 1~3%를 현금으로 돌려주는 파격적인 포인트 제도와 함께 아이폰을 애플카드로 사면 24개월 무이자할부 혜택도 제공한다. 애플의 CEO 팀 쿡은 2020년 1월 실적 발표 컨퍼런스콜에서 "애플카드 할부가 매우 간단하게 이뤄지는 게 아이폰 매출 증가에도 도움이 됐다"며 부진했던 아이폰 판매가 다시 8%대의 성장세로 돌아섰음을 밝혔다. 애플카드는 애플의 제품뿐 아니라 애플페이 확산에도 상당한 기여를 하고 있다. 2020년 기준 애플페이는 전 세계 카드 결제량의 5%를 차지하고 있으며, 2025년까지 전 세계 카드 결제량의 10%를 점유할 것으로 예상된다.

새로운 금융 서비스 모델은 계속된다
—

이제는 핀테크나 인터넷전문은행이 더는 낯설게 느껴지지 않는다. 하지만 이것은 그만큼 새롭고 혁신적인 모델이 자주 나오고 있지 않다는 것으로도 볼 수 있다. 그들 역시 전통 은행을 닮아가고 있다는 지적도 있다. 핀테크에 대한 거품이 꺼질 날이 머지않았다는 분석까지 나온다. 그러나 여러 우려에도 불구하고 핀테크 산업에 대한 투자는 꾸준히 확대되고 있다. 최근 코로나 사태로 전 세계적으로 투자가 위축됐음에도 핀테크 부문에서는 계속해서 투자가 이뤄지고 있다. 2020년 상반기에만 2019년 동기 대비 3.8%가량 투자액이 증가했다.[5] 코로나로 인해 여러 산업이 맥을 못 추고 있는 상황에서 일어난 성과라 더 눈에 띈다.

실제로 핀테크 업계에는 넥스트 유니콘을 꿈꾸는 새로운 핀테크 스타트업들이 꾸준히 나타나며 지속적인 성장을 예견하고 있다. 미국의 스타트업 렌드업Lendup은 낮은 신용등급을 가진 고객을 대상으로 신용등급을 올리면서 대출해주는 대안 금융 모델을 제

카카오와 네이버는 어떻게 은행이 되었나

시한다. 급여가 적거나 불규칙한 사람, 또는 신용등급이 낮은 사람
은 금융기관으로부터 대출을 거절당하기 쉽다. 렌드업은 이런 고
객을 대상으로 소액을 대출해주고, 렌드업 사다리^{Lendup Ladder} 프로
그램을 통해 제때 할부금을 갚거나 자사의 금융 교육 콘텐츠를 학
습하게 해서 신용등급을 올릴 수 있게 도와준다. 이들은 전체 국민
의 절반(56%) 이상이 전통 금융기관에서 대출받기 어려운 미국 시
장에서 2020년 2조 3천억 원(20억 달러, 누적 기준)의 일반 소비자 대
상 대출 상품을 판매하며 혁신적인 핀테크 스타트업 중 하나로 인
정받고 있다.

피닉스^{Finix}는 80여 명의 직원이 일하는 미국의 작은 회사지만
누적 투자 금액 1,100억 원(9,600만 달러)을 유치하며 높은 성공 가
능성을 보여주고 있다. 이들은 기업이 자체적으로 결제 시스템을
구축할 수 있도록 솔루션을 제공한다. 예를 들어 커머스 회사가 직
접 스타벅스의 사이렌 오더, 쿠팡의 쿠페이, 이베이코리아의 스마
일페이와 같은 결제 시스템을 구축하기 위해서는 상당한 초기 투
자가 필요하고, 여러 규제 변화에 시시각각 대응해야 한다. 이들은
이런 결제 시스템을 구축하기 위한 솔루션을 구독^{Subscription} 형태
로 제공해 기업이 소비자에게 간단하고 편리하게 핀테크 서비스를
제공할 수 있게 한다.

보험과 기술을 결합한 인슈어테크 시장은 특히 더 활발하게 움
직이고 있다. 영국의 인슈어테크 스타트업 BBM^{Bought By Many}은 수
의사와의 상담을 결합한 애완동물 보험 상품을 제공한다. 이 보험

은 애완동물의 사고, 질병 등을 보장하는 온라인 보험으로 보험에 가입한 고객에게 앱을 통해 365일 24시간 언제든지 수의사에게 비대면 의료 상담을 받을 수 있는 퍼스트벳^{FirstVet} 서비스를 제공하고 있다. 2017년 애완동물 보험 상품을 출시한 이후 현재 20만 마리 이상의 애완동물을 보장하고 있으며, 매년 150% 이상의 성장률을 보이고 있다. 2020년 5월에는 1,200억 원(7,840만 파운드)의 투자를 유치했다.

카카오와 네이버는 어떻게 은행이 되었나

쇼핑몰은 어떻게
금융 회사가 되었나

세계 1위의 핀테크 기업 앤트그룹은 전자상거래 기업인 알리바바가 만든 결제 서비스 알리페이에서 시작했다. 이들은 자사 쇼핑몰인 알리바바에서 고객이 결제 수단이 없거나 결제 과정에서 판매자를 신뢰하지 못해 에스크로 서비스*를 필요로 한다는 것을 알고 직접 결제 시스템을 개발했다. 이는 온라인 쇼핑에 대한 소비자의 신뢰가 부족했던 중국에서 알리바바를 중국 최대의 온라인 커머스 업체로 도약하게 함과 동시에 알리페이를 세계 최대의 핀테크 기업으로 성장시켰다.

- 에스크로Escrow 서비스: 구매자와 판매자 간 안전한 거래를 보장하기 위해 도입한 서비스로 구매자의 결제대금을 제3자에게 예치하고 있다가 배송이 완료되면 판매자에게 결제대금을 지급하는 서비스다.

미국에서는 1997년 아마존이 원클릭 결제를 통해 온라인 주문을 늘리면서 고객의 마음을 사로잡았다. 이들은 고객이 온라인에서 물품을 살 때 매번 정보를 새로 입력할 필요 없이 과거의 주문 이력에서 결제와 주소 정보를 가져와 클릭 한 번으로 바로 주문할 수 있는 서비스를 제공했는데, 이것이 아마존의 초기 성장에 상당한 기여를 했다. 이후 아마존은 판매자의 판매 이력, 소비자의 구매 후기와 같은 정보를 토대로 기업 대출 사업을 시작했다.

이처럼 커머스 업계에서는 핀테크를 활용해 금융 서비스로 사업을 확장하려는 움직임이 다른 어떤 분야에서보다 강하다. 실제로 많은 유통사에서 금융을 결합한 새로운 서비스를 출시하려는 시도를 끊임없이 하고 있다.

커피 회사야, 은행이야? 금융업에 진출한 스타벅스

—

스타벅스는 미국에서 2,500만 명의 사용자를 보유한 애플페이 다음으로 많은 유저를 확보하고 있는 모바일 결제 앱이다.[6] 2019년 기준 스타벅스에 충전된 금액은 8조 원(67억 달러) 수준으로 미국의 주요 지방은행이 보유한 현금 수준을 훨씬 뛰어넘는다. 스타벅스 커피코리아 역시 1,300억 원 수준의 현금을 예치금으로 보유하고 있는데, 이는 우리나라 간편송금 사업자의 전체 예치금 액수를 웃도는 수준이다.[7]

카카오와 네이버는 어떻게 은행이 되었나

스타벅스 매장에서는 고객이 스타벅스 앱을 통해 커피를 주문할 수 있다. 음료를 주문할 때마다 해야 하는 자잘한 요청 사항 전달과 결제를 쉽게 해주고, 긴 줄을 서야 하는 수고를 덜어준다. 그래서 고객은 스타벅스 앱에 현금을 미리 충선해두고 이 앱을 통해 스타벅스를 이용한다. 게다가 스타벅스 앱으로 주문하면 무료로 샷을 추가해주거나 몇 회 이상 주문 시 무료 음료 쿠폰과 같은 프로모션을 제공한다. 생일에는 잊지 않고 생일 쿠폰도 챙겨준다. 이런 작은 서비스가 고객이 스타벅스에 돈을 예치하게 하는 동기가 된다.

2018년 11월 금융감독원이 주최한 심포지엄에서 스타벅스의 마케팅 부사장 미셸 웨이츠Michele Waits는 세계 각지에서 활발하게 진행하고 있는 핀테크 실험을 통해 스타벅스가 여러 혁신 사례를 만들어가고 있음을 밝힌 바 있다. 많은 이들은 "스타벅스가 은행과 비교되는 수준의 예치금을 본격적으로 운용하는 형태로 자산운용업에 진출한다면 전통 금융업에 미치는 영향이 상당할 수 있다"고 전망한다.[8]

심포지엄이 있기 한 달 전인 2018년 10월 스타벅스는 아르헨티나의 선도 은행 갈리시아 뱅크Banco Galicia와 함께 카페 형태의 은행 지점을 열었다. 이 지점은 일반적인 카페와 마찬가지로 커피를 주문하고 마실 수 있는 공간이지만, 필요한 경우 갈리시아 직원에게 금융 상품이나 서비스에 대한 상담을 받을 수 있다. 또한 일반 은행이 문을 닫은 저녁 시간과 주말에도 은행 업무를 처리할 수

출처: 갈리시아

스타벅스와 아르헨티나 은행 갈리시아가 협력해 오픈한 카페 형태의 은행 지점이다. 갈리시아의 경영진은 "카페형 점포를 운영하니 지점 공간의 활용도가 높아지고 점포 개설에 대한 부담이 줄었다"고 말했다.[9]

있다. 이렇게 이들은 미래형 은행 점포 모델의 가능성을 실험하는 중이다.

스타벅스는 2018년 11월 KT 아현지사에 화재가 발생해 일대 통신망이 모두 마비되면서 주변의 정부기관과 금융기관을 비롯해 여러 매장이 문을 닫아야 했을 때 거의 유일하게 정상적으로 영업한 곳이기도 하다. 결제 시스템 진행 망을 이중화를 넘어 삼중화하는 등 디지털 부분에 상당한 투자를 한 덕분이다. 이는 스타벅스가 디지털 부분에 부여하고 있는 중요도가 얼마나 큰지 엿볼 수 있는 사례다.

온라인 쇼핑몰에서 거대 기업이 된 일본의 라쿠텐

—

라쿠텐Rakuten은 일본 최대 온라인 쇼핑몰(거래액 기준)로 아마존 재팬과 함께 일본 온라인 거래 시장을 이끌어가고 있다. 일본 전체 인구의 80%가량이 라쿠텐을 이용한다. 라쿠텐의 매출을 분석해보면 매출의 가장 큰 부분을 차지하는 분야는 쇼핑이 아닌 핀테크로, 그룹 전체 이익에 절반을 넘게 기여한다.

라쿠텐은 온라인 쇼핑몰을 오픈한 후 4년 만인 2001년 아오조라카드를 인수하면서 카드 시장에 진출했다. 당시 일본 소비자들은 대부분 현금을 사용했는데, 라쿠텐의 이러한 행보는 고객에게 더욱 간편한 결제 서비스를 제공하기 위함이었다. 이후 2003년 DLJ디렉트SFG증권, 2009년 인터넷전문은행 이뱅크, 2013년 생명보험사 아오리오보험, 2018년 손해보험사 아사히화재해상보험을 인수하며 종합금융그룹으로 덩치를 키웠다.

2020년 3월 기준, 라쿠텐의 인터넷전문은행 라쿠텐뱅크는 869만 명, 카드사인 라쿠텐카드는 1,964만 명의 사용자를 확보하며 각각 업계 1위를 차지했다. 라쿠텐증권은 온라인 증권사 업계 순위 2위다.

라쿠텐이 성공할 수 있었던 핵심 비결은 라쿠텐 슈퍼 포인트 프로그램에 있다. 사용자는 라쿠텐그룹이 제공하는 서비스를 이용하면 이용 금액의 일정 비율을 라쿠텐그룹을 비롯한 여러 가맹점에서 사용할 수 있는 포인트로 적립 받는다. 라쿠텐 쇼핑몰의 경우

이뱅크의 실적 추이

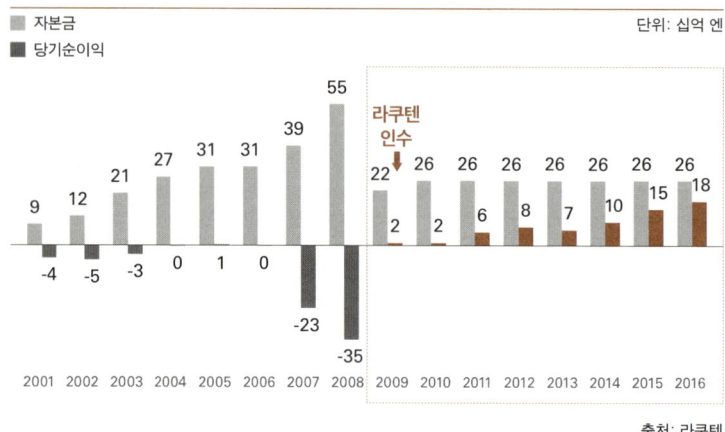

자본금
당기순이익

단위: 십억 엔

라쿠텐
인수

출처: 라쿠텐

2001년 설립된 이뱅크는 2008년 금융 위기로 대규모 적자 사태에 처했지만, 라쿠텐그룹의 인수 후 바로 흑자로 전환했다.

적립률이 구매액의 1% 수준인데, 라쿠텐뱅크를 이용하는 고객에게는 두 배 높은 적립률을 제시한다. 만약 라쿠텐 체크카드까지 사용할 경우 적립 포인트는 더 높아진다. 이와 같은 방식으로 라쿠텐은 자신들의 쇼핑몰을 이용하는 고객들을 은행과 카드사로 유도했다. 실제로 라쿠텐이 인수한 이뱅크는 원래 엄청난 적자 기업이었지만, 2009년 라쿠텐그룹으로 편입한 후 바로 흑자를 시현했다.

라쿠텐은 은행으로 옮겨온 고객을 증권사로 확장하기 위해 2011년 은행과 증권 간의 연계 서비스인 머니브릿지Money Bridge를 출시했다. 이 서비스는 간단한 동의 절차를 통해 고객이 라쿠텐뱅크에 로그인하면 라쿠텐증권에도 쉽게 로그인할 수 있게 해 고객

카카오와 네이버는 어떻게 은행이 되었나

라쿠텐그룹의 서비스 연계도

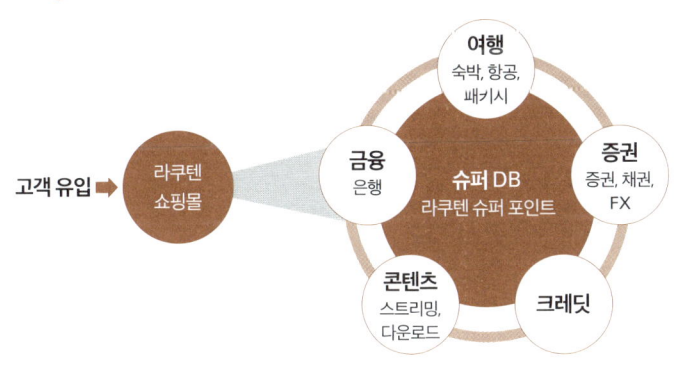

출처: 라쿠텐

라쿠텐은 슈퍼 포인트 체계를 활용해 고객에게 통합 아이디를 부여하고, 슈퍼 DB를 구축해 고객에게 맞춤 서비스를 제공한다.

트래픽을 모으는 한편, 서비스 신청 시 우대 금리를 제공해 투자 대기 자금에 추가 수익을 줬다. 라쿠텐증권도 수수료나 잔고를 기준으로 고객에게 슈퍼 포인트를 적립해줬다. 이들은 출시 3년 만에 28만 명의 고객과 1조 5천억 원의 잔고를 확보하며 상당한 성장세를 만들었다.

라쿠텐은 자신들이 구축한 생태계에서 축적된 고객 데이터베이스DB를 활용해 경쟁력을 높이는 데 더욱 박차를 가하고 있다. 데이터베이스는 고객별로 부여된 통합 아이디를 통해 '슈퍼 DB Super DB'를 만들어 중앙 집중식으로 관리하는데, 여기서 나오는 고객의 결제 정보, 탐색 정보, 금융 정보 등을 분석해 고객에게 개인화된 서비스를 제공한다. 이는 계열사 간에 고객을 자연스럽게 공유하면서도 고객을 라쿠텐 생태계 내에 지속적으로 머물게 한다. 현재 라쿠텐은 쇼핑몰을 시작으로 금융, 여행, 통신사, 스포츠, 미디어와 같은 다양한 영역으로 사업을 확장하고 있다.

쇼핑몰이 은행을 이길 수밖에 없는 이유
—

쇼핑몰이 금융기관과의 서비스 경쟁에서 선전하는 현상은 전 세계적으로 나타난다. 이런 모습이 발생하는 이유는 크게 세 가지다. 첫째, 쇼핑몰은 금융 서비스 고객을 확보하기 위한 가장 강력한 접점Point of sales을 가지고 있다. 사람들의 일상생활에 가장 밀접하게 맞닿아 있는 금융 활동은 결제다. 한국은행에 따르면 우리나라 사람들의 일평균 결제 건수는 신용카드와 체크카드를 합쳐 6,600만 건 정도다.[10] 15세 이상 인구수가 4,300만 명 수준이니 한 사람이 일평균 1.5회 이상은 결제한다는 계산이 나온다. 이런 결제가 가장 빈번하게 이뤄지는 곳이 바로 쇼핑몰이다. 그렇다 보니 쇼핑몰은 고객에게 더욱 편리한 서비스를 제공하기 위해 자체 결제 시스템을 가지고 있는 경우가 많다.

두 번째는 고객에게 제공할 수 있는 혜택이 많다. 은행은 고객으로부터 받은 돈과 자신들이 대출하거나 운용해서 올린 수익 사이의 차이(흔히 예대마진NIS, Net Interest Spread이라 한다)만큼을 고객에게

준다. 이것이 은행이 고객에게 줄 수 있는 혜택의 전부다. 이에 비해 쇼핑몰은 고객이 물품을 구매하면서 얻게 되는 마진을 기본으로, 구매 시 추가 포인트 적립과 같은 고정적 혜택과 물품을 판매하는 회사로부터 마케팅 목적의 주가 혜택도 줄 수 있다. 이뿐만 아니라 간소화된 결제 시스템과 같은 기능적 혜택은 고객이 쇼핑몰의 금융 서비스를 지속해서 이용하게 하는 유인이 된다. 일본의 세븐일레븐의 경우 세븐뱅크의 ATM을 편의점에 설치해서 현금을 인출하려는 고객을 편의점으로 끌어들였고, 미국의 자동차회사 제너럴 모터스GM의 얼라이뱅크Ally Bank는 자동차 구입 시 혜택을 제공하면서 덩치를 키웠다.

마지막으로 활용할 수 있는 데이터가 많다. 은행은 회사에서 고정적으로 월급을 받아 생활하는 고객이나 대기업의 경우 비교적 정확하게 이들의 경제 수준을 파악할 수 있지만, 소득이 불규칙한 고객과 중소기업의 경우 신용도를 판단하기 어려워 적정한 이율의 금융 상품을 제공하지 못했다. 하지만 커머스 기업은 고객이 어떤 제품을 구입했는지, 어떤 업체의 상품이 얼마나 판매됐는지를 실시간으로 집계할 수 있어 신용을 심사하는 자료로 활용 가능하다. 앞서 살펴본 아마존과 라쿠텐 역시 자신들이 수집한 여러 데이터를 분석해서 기존 금융권의 신용평가 모델을 보완했다. 또한 이 데이터는 쇼핑몰을 키우는 데 활용되기도 한다.

이런 이유로 중국의 몇몇 대형 은행은 직접 쇼핑몰을 운영하기도 한다. 대표적으로 중국건설은행 中國建設銀行과 중국공상은행 中国工

商銀行이 있다. 하지만 기존 업체들과의 경쟁이 쉽지 않은 상태로 그 효과는 미미하다.

결제 서비스에서 금융 서비스까지 넘보는 한국의 유통사들

—

한국에서도 유통사의 핀테크에 대한 관심은 나날이 커지고 있다. 다만 한국의 온라인 쇼핑 시장은 여전히 연 20% 이상의 성장률을 보이는 데다 업계 참여자 간의 경쟁도 치열해 상대적으로 핀테크에 대한 관심이 간편결제 부문에만 맞춰져 있다.[11] 자신들의 쇼핑몰에서 더욱더 많은 구매가 이뤄지도록 하는 데에만 초점을 두는 것이다.

이베이코리아의 간편결제 서비스인 스마일페이는 2014년 자사 쇼핑몰인 G마켓, 옥션, G9의 결제 수단으로 출시된 이래, 1,450만 명의 사용자를 확보했다. 특히 현대카드와 함께 출시한 상업자 표시 신용카드*인 스마일카드는 출시 2년 만에 90만 명 이상이 발급할 정도로 인기다. 스마일카드는 카드 발급 신청 즉시 심사를 진행하고, 심사 후에는 스마일페이에 앱카드를 바로 등록할 수 있어 실

• 상업자 표시 신용카드PLCC, Private Label Credit Card: 유통 회사나 금융 서비스 회사 등이 카드 기획부터 전반적인 마케팅 활동을 담당하고, 카드사가 카드 발급과 결제 시스템을 지원해 출시된 카드로 대부분 혜택을 제공하는 기업의 브랜드를 카드 이름으로 내건다.

물 카드를 직접 받을 때까지 기다리지 않아도 사용이 가능해 고객들에게 긍정적인 평가를 받고 있다.

신세계그룹 역시 2015년 7월 간편결제 서비스 SSG페이를 시작으로 핀테크 사업에 뛰어늘었다. SSG페이는 출시 초기에 계열사인 이마트에서 사용 시 주말 상시 5%를 할인해주고, 스타벅스에서 커피를 제공하는 등 다양한 프로모션을 진행했다. 그 결과 현재 850만 명의 고객을 확보했다. SSG페이는 2020년 6월 신세계그룹의 이커머스 부문 자회사인 SSG닷컴으로 사업이 양도됐다. SSG닷컴에서는 자신들이 보유한 거래 데이터에 SSG페이의 결제 데이터를 결합해 서비스 차별화에 나설 것이라고 밝히기도 했다.

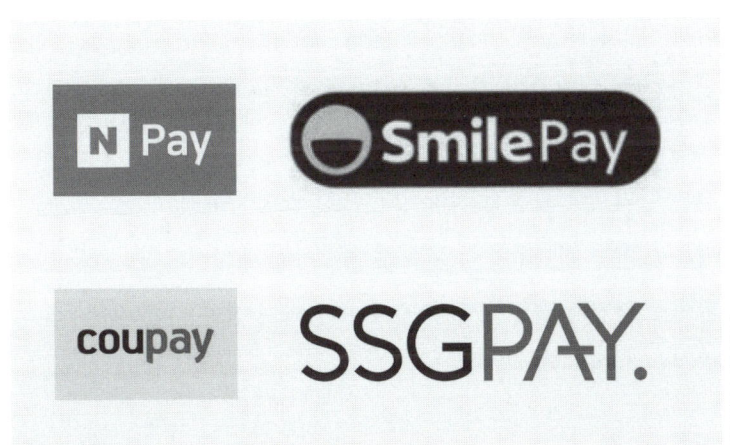

출처: 각 사 홈페이지

한국 온라인 쇼핑몰들은 자사 쇼핑몰에서 더 많은 구매가 이뤄지도록 고객이 쉽게 결제할 수 있게 간편결제 서비스를 제공한다. 대표적으로 이베이코리아의 스마일페이, 신세계의 SSG페이, 쿠팡의 쿠페이, 네이버의 네이버페이 등이 있다.

가장 활발히 핀테크 사업을 구축하고 있는 곳은 쿠팡이다. 쿠팡은 압도적인 성장세로 우리나라 이커머스 시장을 이끌고 있는 업계 1위 사업자다. 현재 이들은 쿠팡과 쿠팡이츠(쿠팡의 음식 배달 서비스)에서 사용할 수 있는 간편결제 서비스 쿠페이를 제공하고 있는데, 결제액 기준으로 보면 네이버페이의 뒤를 잇는다. 쿠팡은 2020년 8월 쿠페이를 자회사로 분사하면서 본격적으로 핀테크 사업에 나섰고, 후불 결제 서비스인 '나중 결제'를 출시했다. 나중 결제는 물건을 사고 이후에 돈을 지불하는 서비스로 신용카드 결제와 유사하다. 지난 5월에는 쿠팡에 입점한 영세·중소 판매자를 대상으로 즉시 정산 서비스를 시작했다. 즉시 정산 서비스는 판매자가 결제일까지 기다리지 않고 판매대금을 미리 지급받을 수 있게 하는 서비스로 단기 유동 자금 대출 상품과 비슷하다.

이처럼 앞으로는 간편결제에만 초점을 맞춘 유통 업체들의 핀테크 서비스가 점차 금융의 본질에 가까운 대출, 보험, 자산 관리와 같은 영역으로 확장될 전망이다. 특히 쇼핑 부문에서 상당한 영향력을 보이는 네이버가 금융 부문 자회사인 네이버파이낸셜을 통해 핀테크 사업에 속도를 낼 것으로 예상되는 만큼 다른 유통사들의 대응도 더욱 거세질 것이다.

카카오와 네이버는 어떻게 은행이 되었나

통신사는
왜 핀테크에 주목할까

스마트폰 시대가 도래했을 때 최대 수혜자는 구글, 페이스북, 네이버, 카카오와 같은 IT 기업이었다. 이들은 통신사가 제공하는 무선망을 활용해서 다양한 콘텐츠를 제공하며 사업을 키워나갔다. 폭증하는 데이터 사용량을 처리하기 위해 통신사들은 매년 막대한 규모의 투자를 이어갔지만, 점차 덤 파이프Dumb Pipe(단순 전송 수단)로 전락하고 있다는 말만 떠돌았다. 모바일 생태계에서 통신사가 가질 수 있는 역할과 그들이 창출할 수 있는 부가가치가 제한적이었기 때문이다.

하지만 통신사들은 점차 온라인 동영상 서비스OTT, 자율 주행, 사물 인터넷IoT 등 성장 영역에 진출하며 새로운 변화를 꾀하고 있다. 이런 그들이 주목하고 있는 사업 중 하나가 바로 핀테크다. 처음에는 통신사의 무선망을 활용해서 사업을 키우는 IT 기업과 통신사와 늘 주도권 싸움을 벌이는 휴대폰 단말기 제조사가 핀테크 사업에 집중하고 있어 이들로부터의 잠재적 위협을 견제하기 위함이었다. 그러나 이제는 단순한 헤게모니 경쟁을 넘어 실제로 대안적인 금융 모델을 만들기 위해 고심하는 모습이다.

통신사들의 계속되는 핀테크 도전

프랑스의 1위 통신사인 오랑주Orange는 2017년 독자적으로 은행 영업을 시작했다. 이들은 2014년 폴란드 은행 업계 3위 은행인 엠뱅크mBank와 함께 폴란드에서 인터넷전문은행 오랑주 파이낸스 Orange Finance를 출범했지만, 4년간 44만 명의 고객을 확보하는 초라한 기록만을 남기고 폐업했다. 그러나 오랑주는 아픈 기억을 뒤로하고, 프랑스의 그루파마 뱅크Groupama Banque를 인수하며 다시 은행업에 도전한다. 이후 프랑스를 비롯해 스페인과 코트디부아르에 금융 서비스를 제공하면서 금융 업계에서 입지를 굳혀가고 있다.

독일의 통신사 T모바일T-mobile은 미국 금융사 커스터머스 뱅크 Customers Bank와 함께 연이율 최대 4%를 내건 T모바일 머니T-Mobile Money를 출시했다. 이는 모바일 금융 서비스로 일반적인 은행 계좌와 유사하지만, 통신비를 감면해주고, 별도의 수수료 없이 50달러

카카오와 네이버는 어떻게 은행이 되었나

까지 후불 결제할 수 있는 혜택을 제공한다. 비록 좋은 성과를 거두진 못했지만, 사실 T모바일은 2014년에 스마트폰 앱과 선불형 카드를 결합한 이와 유사한 금융 서비스를 출시한 적 있다.

한국의 통신사도 금융 서비스로 영역을 확장하기 위해 부단히 노력하고 있다. KT의 자회사 BC카드는 인터넷전문은행 케이뱅크의 지분 34%를 확보하고 있고, SK텔레콤도 2016년 하나금융지주와 함께 조인트 벤처 핀크Finnq를 설립했다. 비록 핀크는 설립 4년 차인 2019년 기준 매출액 20억 원, 누적 결손 516억 원이라는 초라한 성적표를 얻었지만, SK텔레콤은 추가 증자를 통해 금융 사업에 대한 의지를 보였다. LG유플러스도 통합 멤버십 서비스인 리브 메이트Liiv Mate, 알뜰폰 서비스 리브 엠Liiv M을 통해 KB금융과 협업하고 있다. 2017년 9월에는 신용평가 기관과 함께 통신 빅데이터를 접목한 신용평가 모형을 개발해 은행에 공급했다.

통신사들이 금융 서비스에 도전하는 이유
—

통신사들이 이토록 금융 서비스에 꾸준히 의지를 가지고 도전하는 이유는 세 가지다. 첫째, 고객 기반이 금융사보다 넓어 더 많은 고객에게 도달할 수 있고, 둘째, 여러 다른 서비스와의 연계 시너지가 좋으며, 셋째, 비즈니스 확장 가능성이 높다.

먼저, 통신사는 금융사보다 더 많은 고객을 확보하고 있다. 쉽게 말해 은행 계좌 없는 사람은 있어도 휴대폰 없는 사람은 거의 없다. 전 세계적으로 통신사 고객은 중복 가입자를 제외하고 2019년 기준 52억 명이다.[12] 이에 반해 모바일 머니와 같은 유사 계좌 서비스를 포함해 은행 계좌를 가진 인구는 45억 명 수준이며, 이 중 거래가 발생하지 않는 휴면 계좌를 제외하면 35억 명 정도만 금융 서비스를 이용하고 있는 것으로 추산된다. 최근 인도에서는 PMJDYPradhan Mantri Jan Dhan Yojana 프로그램을 통해 정부 차원에서 국민들이 계좌를 발급받도록 정책을 펼쳤으나 실제로는 많은 계좌가 사용되지 않고 있다. 통신사는 이 빈틈을 파고들었다. 바로 은행 계좌를 갖고 있지 않은 고객을 중심으로 침투 전략을 세운 것이다.

앞서 살펴본 프랑스 통신사 오랑주 역시 금융업이 성장하고 있는 아프리카와 중동 지역에서 1등 모바일 금융 서비스가 되겠다는 목표를 가지고 있다. 이들은 은행 거래의 85%가 스마트폰을 통해 발생하는 것에 주목해 지점이 필요 없는 온라인 은행을 통해 무료에 가까운 수수료를 제시하며 아프리카와 중동 시장에서 선도적 위치를 차지하려 한다. 오랑주는 코트디부아르 외에도 부르키나파소, 말리 공화국, 세네갈 등의 국가로 사업을 확장할 계획이다.

두 번째로 금융 서비스는 통신사가 가진 다른 서비스와의 연계 시너지가 좋다. 전 세계적으로 통신사는 통신망을 제공하는 것 외에 통신망을 통해 다양한 서비스를 직접 제공하고 있다. SK텔레콤이 쇼핑(11번가)을, KT가 음원 스트리밍(지니 뮤직) 서비스를 제공하는 것이 대표적이다.

투르크셀Turkcell은 터키 1위의 통신사로 통신 서비스 외에도 모바일 메신저, 디지털 매거진, 영상 콘텐츠, 음원 스트리밍, 검색엔진, 언어 교육 등 다양한 영역에서 선도적인 서비스를 제공한다. 이들은 서비스 간 연계를 위해 결제 시스템은 자회사 페이셀Paycell을 활용하는데, 이 시스템은 일정 금액을 충전해두고 사용하거나 결제 시 해당 금액을 휴대폰 청구서와 합산해 결제하는 방식이다. 이때 페이셀은 결제 금액의 일정 부분을 포인트로 제공함으로써 고객의 재구매 비율을 높이고 있다. 이처럼 금융 서비스는 다른 서비스와 연계성을 높이면서 시너지를 만들어내는 데 뚜렷한 효용을

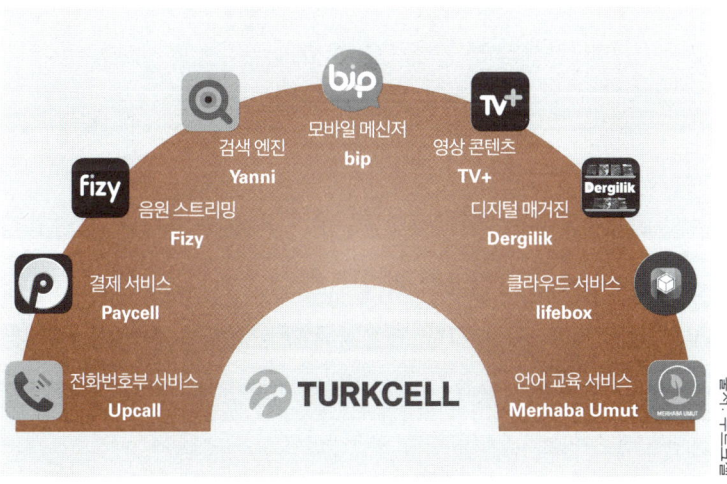

터키 통신사 투르크셀의 디지털 서비스 포트폴리오. 세계 여러 통신사는 통신망 서비스 외에도 다양한 서비스를 제공하는데, 이때 서비스의 프로세스를 개선하고, 서로 원활하게 연동하기 위해 핀테크 서비스를 활용한다.

준다.

셋째, 금융 서비스는 비즈니스 확장 가능성이 높다. 핵심적으로 영향을 끼치는 요소는 데이터다. 사업을 할 때 어떤 데이터를 보유하고 있고, 활용할 수 있는지는 추후 어떤 비즈니스로 확대할 수 있는지에 상당한 영향을 끼친다. 대표적으로 통신사들은 자신들이 보유한 고객의 위치 데이터를 활용해 새로운 사업 모델을 발굴하기도 한다. 금융 서비스는 특성상 고객의 소득이나 소비와 같은 데이터를 확보할 수 있기 때문에 기존 사업과의 시너지가 더 무궁무진하다.

케이뱅크의 롤모델, 일본의 au지분은행

au지분은행은 일본 2위의 통신사 KDDI와 미쓰비시UFJ은행MUFG Bank이 합작해 세운 인터넷전문은행으로 세계 최초의 모바일전문은행이다. 설립 당시에는 두 회사가 각각 5 대 5로 투자했지만, 2019년 KDDI가 핀테크를 핵심적인 성장 동력으로 앞세우며 지분을 64%까지 확대했다. KT는 케이뱅크 출범 당시, au지분은행을 롤모델이라 밝힌 바 있다.

설립 초기 au지분은행은 통신사 KDDI를 통해 고객을 끌어모았다. KT의 올레숍과 유사한 KDDI의 au숍에서는 매장 곳곳에 'au지분은행의 계좌를 만들면 ○○엔을 준다', 'au지분은행 계좌로 선불카드를 충전하면 ○○%를 추가로 제공한다'는 광고를 내걸었다. au지분은행의 계좌를 만들고자 하는 고객에게는 매장 직원이 직접 가입을 도와주며 은행 창구와 같은 역할을 하게 했다. 고객은 새로운 휴대폰을 개통하면서 동시에 au지분은행의 계좌를 만들어 요금 할인 혜택을 받을 수 있었다.

이들은 특히 'au 고객들을 위한 프리미엄 은행'이라는 슬로건을 내걸고 KDDI 고객에 대한 우대 프로그램을 제공했는데, 이를 위해 자체 포인트 체계인 au월렛을 십분 활용했다. 월급을 이체하거나 타행에서 일정 금액 이상을 송금할 때, 자신들의 카드를 사용하고, 일정 수준 이상의 잔고를 보유하고 있는 고객에게는 상당한

일본 오사카의 au숍 매장에서는 휴대폰을 개통하면서 au지분은행의 계좌를 개설할 수 있다. 사실상 au숍에서 은행 창구 기능도 함께 수행하고 있는 것이다.

수준의 포인트를 제공했다. 또한 KDDI는 이 포인트를 세븐일레븐, 로손, 훼미리마트와 같은 유통사에서 사용할 수 있게 했다.

현재 au지분은행은 스마트폰을 활용한 외화 예금 거래 서비스를 통해 단순한 예대마진에서 수수료 매출로 수익 구조를 다변화하며 선도적인 인터넷전문은행으로 발돋움하고 있다. 일본 인터넷전문은행 중에서는 최초로 2011년 위안화 예금을 취급한 데 이어, 2013년에는 한국 원화 예금을 취급했고, 2018년에는 핀테크 기업과의 협업을 통해 AI를 활용한 외화 예금 서비스를 개시했다. 이 서비스는 외환시장의 과거 데이터를 분석해서 1개월 중 가장 저렴한 가격이 예상되는 시기에 고객의 예금 계좌에서 자동으로 외화를 구입해준다.

KDDI는 2019년 2월 자신들의 브랜드인 au를 활용해 금융지주사au Financial Holdings를 출범하며 은행 외에도 결제, 증권, 투자, 보험 등 금융 관련 여러 자회사를 통해 핀테크 부문에 대한 확장 의지를 보였다. 협력 관계에 있던 카부닷컴증권에 출자해 사명을 au카부닷컴증권으로 변경하고, 핀테크 부문에 투자하기 위해 2,200억 원(200억 엔) 규모의 펀드를 조성하기도 했다.

au지분은행을 롤모델로 삼고 있는 케이뱅크는 2020년 3월 au지분은행과 유사하게 모회사인 KT와의 연계성을 강화하며 적극적으로 핀테크 사업을 키우겠다는 의지를 내비쳤다. 이들은 KT의 대리점을 케이뱅크의 오프라인 홍보 창구로 활용하는 한편, 통신료 할인 혜택을 제공할 계획이다.

페이스북의 저커버그가 주목한
케냐의 통신사 엠페사
—

은행 계좌가 없는 국민이 대다수인 국가에서도 모바일을 통한 금융 혁명은 활발하게 일어나고 있다. 2017년 기준 은행 계좌를 보유한 사람보다 모바일 머니 형태로 돈을 충전해서 쓰는 사용자가 더 많은 국가는 20개국이 넘는다.[13]

2016년 페이스북의 CEO 마크 저커버그는 페이스북 계정에 자신이 케냐 나이로비에 머물고 있다는 소식과 함께 케냐 정보통신부 장관과 점심 식사를 하고 있는 사진을 공개했다. 그는 모바일 머니에 대해 배우기 위해 케냐에 방문했다고 했다. 저커버그의 관심을 끈 것은 바로 케냐의 모바일 머니 엠페사M-Pesa다.

엠페사는 케냐의 통신사 사파리컴Safaricom이 제공하는 모바일 머니 서비스다. 케냐는 금융 시스템이 제대로 발전하지 못했지만, 케냐 가구의 96% 이상이 모바일 기기 기반의 모바일 머니를 통해 금융 서비스를 이용하고 있다.[14] 케냐 국민들은 엠페사를 통해 돈을 주고받고 물건을 사며, 임금을 받고 전기세 등 여러 비용을 지불한다. 2019년 기준 4,200만 명 이상의 국민들이 엠페사를 통해 1인당 연간 262건의 거래를 하고 있다.

엠페사는 케냐에서 최소 19만 가구 이상을 극심한 빈곤에서 벗어나게 하는 데 기여했다는 평가를 받는다.[15] 금융 서비스가 발전하지 못한 국가에서는 현금 강도나 절도와 같은 여러 부정 사건이 발생하기 쉽다. 특히 정부가 세금을 징수하고, 사회 보장금을 지급하며, 자선단체나 사회단체가 수혜자에게 돈을 지급하는 일이 어려운데, 엠페사는 케냐 대부분의 가구에 보급되면서 이런 문제를 해결했다. 그들은 기업이 고객으로부터 돈을 제대로 지급받고, 다시 이를 직원들에게 안전하게 급여로 지급할 수 있도록 한 것이다.

엠페사는 점차 소액 대출, 기업 대출, 보험과 같은 보다 발전된 금융 서비스로 서비스를 확산할 계획이다. 현재 케냐 인구의 60% 이상은 여전히 친구, 가족, 고리 대금업자 등 비공식적인 경로를 통해 돈을 빌린다. 케냐 정부는 이 문제를 엠페사와 같은 모바일 머니 서비스를 통해 해결하려 한다. 은행 망을 설치하기 어려운 케냐에서 무선 통신망 기반의 엠페사는 앞으로 케냐에서 은행 역할을 대신하게 될 것이다. 사파리컴의 모회사인 보다폰Vodafone은 엠페사를 토대로 아직 금융업이 발달하지 않은 아프리카 시장에서 가장 큰 은행이 되겠다는 목표를 가지고 있다.

비슷한 흐름은 인근 국가에서도 일어나고 있다. 소말리아에서는 통신사 텔레솜Telesom이 제공하는 모바일 머니 서비스 자드Zaad가 전 국민의 4분의 1이 사용하며 널리 확산 중이다. 우간다에서는 통신사 MTN이 모바일 머니 모모MoMo를, 나이지리아에서는 통신사 글로Glo가 글로 익스체인지Glo Xchange를, 콩고에서는 통신사 에어텔 아프리카Airtel Africa가 에어텔 머니Airtel Money를 제공한다.

카카오와 네이버는 어떻게 은행이 되었나

금융 플랫폼으로
진화하는 스타트업

금융은 역사적으로 진입 장벽이 높은 산업 중 하나로 손꼽힌다. 정부의 규제가 매우 심하고, 리스크에 대한 관리 역량을 쌓는 것이 어려워 신생 기업이 금융업을 다루기란 사실상 불가능에 가까웠다. 금융 서비스를 하나 만들려고 해도 여러 정부 기관의 허가를 받아야 하고, 기존 금융 회사들과 연동하기 위해 계약을 따내야 한다.

그런데 몇몇 스타트업이 이 견고한 성벽을 허물기 시작했다. 핀테크의 물꼬를 처음 텄던 페이팔처럼 스타트업은 간편결제나 간편송금과 같은 친숙한 아이템으로 금융업에 발을 들여놓았다. 기존 은행들은 그들이 노리는 것이 자신들이 제공하는 사업에 비하면 극히 일부분이고, 수익성도 높지 않다고 여겨 그들의 성장을 크게 신경 쓰지 않았다. 그사이 스타트업은 막대한 투자를 이어가며 조금씩 고객을 모아나갔다.

　그렇다면 쉽게 넘볼 수 없었던 금융업의 성벽에 뛰어든 스타트업들은 어떻게 됐을까? 많은 스타트업이 실패했지만, 그중 몇몇은 살아남아 혁신적인 유니콘이라 불리고 있다. 시중 은행들은 이제 그들의 성장 방식을 뜯어보는 중이다. 앞으로 스타트업은 금융을 아우르는 플랫폼으로 진화하며 기존 금융권의 자리를 더 위협할 것이다.

토스, 고객을 잡으면 성장은 따라온다

—

토스는 한국 핀테크의 아이콘이라 해도 과언이 아니다. 그들은 척박한 한국 금융 시장을 계속된 삽질을 통해 비옥한 토양으로 만들어낸 장본인이다. 우리에게 핀테크라는 말이 채 알려지기도 전인 2015년, 작은 스타트업 비바리퍼블리카는 '간편송금' 앱 하나를 출시한다. 은행에서 모바일 뱅킹 서비스를 사용하려면 공인인증서와 보안카드라는 복잡한 과정을 거쳐야만 이체가 가능하던 때였다. 하지만 토스는 지문이나 간단한 비밀번호만으로 이체가 가능한 '편리하고 간편하다'는 효용을 고객에게 전달했다. 한번 이 서비스를 사용해본 고객은 송금할 때마다 토스를 계속 찾을 정도로 고객이 느끼는 효용은 엄청났다.

　당시 은행들은 토스로부터 계좌 연동에 대한 제안을 받는 '갑'

　카카오와 네이버는 어떻게 은행이 되었나

의 입장이었던 데다, 토스가 은행에 지불하는 이체 수수료가 계속 늘어났기에 토스를 크게 경계하지 않았다. 실제로 토스가 간편송금 서비스를 제공하기 위해 수수료로 지불한 금액은 놀라운 수준이다. 토스는 고객이 이체 서비스를 쓸 때마다 은행에 지불해야 하는 건당 300~500원의 수수료를 대신 부담했다. 토스가 지불한 수수료 전체 금액은 2018년 614억 원, 2019년 1,032억 원을 기록했다.[16] 이는 스타트업이 부담하기에는 엄청난 규모다. 토스는 이런 비용을 투자해가며 지금의 충성 고객을 모았다.

한국의 경우 모바일·인터넷 뱅킹 전체 접속 건 중 92%가 계좌 잔액을 확인하기 위해서 발생한다. 나머지 8%는 계좌 송금이다.[17] 그 외 거래들은 사실상 이용률이 소수점 두세 자리대로 고객의 서

출처: 토스

토스는 '뱅킹앱 대신 토스앱'을 목표로 간편송금에만 집중해 1,700만 명에 달하는 은행 고객을 빼앗아오는 데 성공했다.

비스 사용 목적상 무시해도 되는 수준이다. 토스는 여기에 주목했다. 계좌 조회와 이체 기능만 정말 간단하게 잘 제공한다면 사람들이 은행의 모바일 뱅킹 앱을 켜는 대신 토스를 실행하게 할 수 있을 것 같았다. 토스는 오직 이 두 기능에만 집중해서 무려 1,700만 명의 고객을 확보했다. 월 단위 이용자 수 측면에서는 모든 은행 서비스를 제치고 압도적 1위를 기록하기도 했다.[18]

고객과의 접점을 확보한 토스는 이를 기점 삼아 놀라운 속도로 사업을 확장해나간다. 고객의 신용평가 정보를 제공하는 서비스를 출시하더니 이 데이터를 토대로 대출 상품을 추천하기 시작했다. 이후 차량 시세를 알려주는 서비스를 제공하면서 여기서 수집한 데이터를 이용해 자동차를 팔고, 자동차 보험 상품을 추천하는 서비스를 제공하고 있다. 이 밖에도 부동산, 펀드, 해외 주식, P2P[Peer to Peer] 등에 투자하는 서비스도 있다. 이런 거대한 고객 기반을 갖춘 핀테크 플랫폼 앞에 기존 금융사들은 이들이 쇼윈도에 내놓은 금융 계좌나 금융 상품을 공급하는 납품사로 점점 전락하고 있다.

현재 토스는 한 단계 더 큰 도약을 준비 중이다. 자신들이 직접 은행업, 증권업, 보험업에 진출하기 위해 2019년 12월 금융위원회로부터 은행업 예비 인가를 받아 2021년 세 번째 인터넷전문은행을 예정하고 있다.

미국에서 가장 핫한 송금 서비스, 캐시앱

—

한국에 토스가 있다면 미국에는 벤모가 있다. 벤모는 간편송금 앱으로 2013년에 페이팔이 인수하면서부터 본격적으로 몸집을 키우기 시작했다. 2018년에는 연간 활성 사용자Yearly Active Users 수가 4천만 명을 기록했는데, 미국의 대형 은행 JP모건의 모바일 뱅킹만이 5,100만 명으로 이 수치를 능가했다. 같은 기간 뱅크오브아메리카의 연간 활성 사용자 수는 37만 명, 웰스파고는 30만 명에 불과했다.[19] 2019년 말에는 25% 이상 성장하며 연간 활성 사용자 수가 5,200만 명을 넘어섰다.

그런데 벤모의 독식으로 끝난 줄 알았던 미국의 간편송금 시장을 뒤흔든 새로운 존재가 나타난다. 바로 캐시앱Cash App이다. 최근 여러 조사에서 캐시앱은 벤모보다 월간 활성 사용자 수에서 60% 이상 앞선 것으로 나타났다.[20] 2021년에는 캐시앱이 벤모를 능가할 것이 확실시되는 분위기다. 현재로서는 벤모가 캐시앱의 성장률을 따라잡기는 어려울 것으로 보인다. 캐시앱은 어떻게 미국의 간편송금 시장을 이끈 벤모를 이길 수 있었을까?

캐시앱을 만든 곳은 미국의 핀테크 스타트업 스퀘어Square다. 스퀘어는 2009년에 설립된 소규모 점포에서 스마트폰이나 태블릿을 통해 카드로 결제할 수 있게 해주는 포스POS 기계를 제공하는 기업이다. 오디오 잭에 연결해서 신용카드 마그네틱을 읽을 수 있게 한 이 기계는 소형 업체들이 스마트폰을 통해 카드 결제를 할 수 있는 길을 마련해주면서 미국의 200만 개 이상의 점포에서 이를 사용하기 시작했다. 미국의 전체 카드 가맹점 수가 800만 개임을 고려했을 때, 이는 상당히 높은 수치다. 스퀘어는 2015년에 뉴욕 증권 시장에 상장했다.

캐시앱은 스퀘어가 자신들의 고객인 소규모 점포에 송금 기능을 제공하기 위해 2013년에 출시한 서비스다. 하지만 그 당시에는 결제 수수료를 기존 POS 기계보다 저렴하게 설정하는 바람에 일반 고객을 모으는 데는 실패했다. 이들이 두각을 보이기 시작한 것은 2017년부터다. 당시 벤모를 쓰는 고객들의 불만 중 하나는 벤모의 소셜 기능이었다. 벤모에서 송금하면 'A님이 B님에게 돈을 보냈습니다A paid B'라는 메시지가 전체 공개됐다. 정확한 금액이 표시되진 않았지만 누가 돈을 주고, 누가 돈을 받는지 알 수 있었다. 즉, 어떤 상점에서 물건을 샀다거나 어떤 서비스를 이용하고 있는지 공개되는 것이었다. 이는 벤모가 SNS로 서비스를 확장하기 위해 만든 기능으로 인스타그램에서 다른 사람들의 일상을 엿보듯 벤모는 사용자가 다른 이들에게 자신의 지출 내역을 공유하기를 원했다.

그러나 사람들은 이 기능을 남편이나 아내, 전 연인, 친구의 지출 내역을 엿보는 데 사용했다. 심지어 연예인과 같이 직접 연관 관계가 없는 사람들의 지출 내역을 살피기도 했다. 페이팔의 경영진은 이 사실을 알고 있었지만, 이 역시 사람들이 벤모를 이용하는 중요한 이유라고 판단했다. 오히려 이들은 이 기능을 없애면 벤모

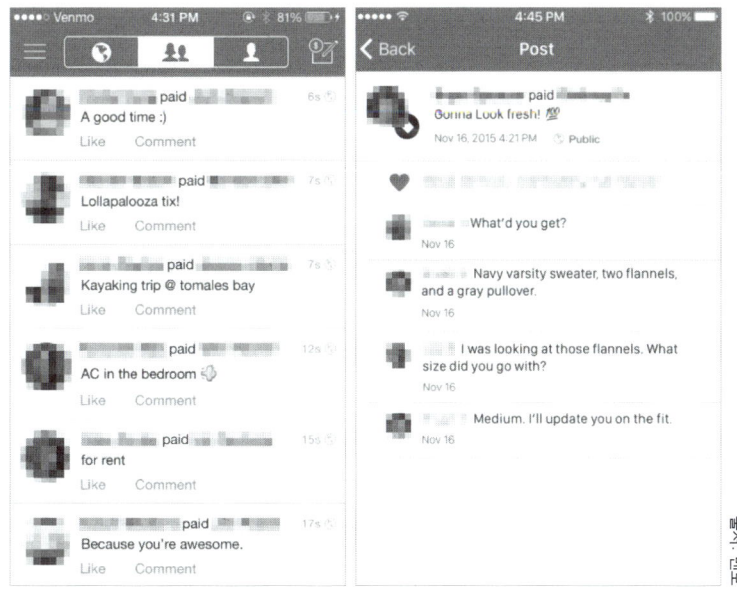

페이팔은 벤모의 소셜 기능을 통해 금융 서비스계의 인스타그램이 되고 싶었다. 하지만 벤모의 소셜 피드에 사용자의 송금 이력 등이 모르는 사람에게 노출되면서 심각한 개인정보 문제를 야기했다.

를 이용하는 고객 수가 감소하지 않을까 걱정했다.[21] 결국 미국 연방거래위원회FTC의 권고가 있고 나서야 고객에게 추가적인 설정을 하지 않을 경우 송금 이력이 다른 이들에게 노출될 수 있음을 고지하기 시작했다.

이런 와중에 캐시앱은 송금하는 기능과 송금을 요청하는 기능을 극도로 간편하게 설계하며 조금씩 고객을 확대해나갔다. 또한 비자Visa와 함께 캐시카드Cash Card를 출시해 고객에게 수수료 없이 현금을 출금할 수 있는 혜택을 제공했다. 게다가 스퀘어의 가맹사들과 연계해서 급여를 바로 직원들의 캐시앱으로 보낼 수 있게 유도했다. 직원들은 은행 계좌가 없어도 쉽게 돈을 받을 수 있어 좋았고, 회사는 직원들의 급여를 한 번에 관리할 수 있어 편했다.

이들은 고객 확대를 위해 여러 기능을 테스트했는데, 이 과정에서 리워드 기능인 캐시 부스트Cash Boost와 투자 기능인 캐시앱 인베스팅Cash App Investing이 출시됐다. 캐시앱 사용자는 자신들의 돈이 저장되어 있는 캐시앱을 통해 결제하고 여기서 얻은 포인트를 동일한 앱에서 비트코인이나 주식에 쉽게 투자할 수 있어 점차 충성도가 높아졌다. 2019년 말부터는 충성 고객을 중심으로 네트워크 효과가 발생해 사용자가 더욱더 빠르게 증가했다. 누군가 돈을 보내거나 받을 때 캐시앱을 쓰니 상대방 역시 자연스럽게 캐시앱을 쓰게 된 것이다.

스퀘어는 최근 코로나로 인해 스퀘어의 POS 기계 매출이 상당히 감소했지만, 캐시앱을 통한 수익 확대로 코로나로 인한 타격을 상당 부분 상계하고 있다. 캐시앱은 조만간 단기 대출 상품을 출시할 것을 밝히며 또 한 번의 도약을 예고했다. 이들은 영원히 잘나가는 핀테크 서비스는 없으며, 제아무리 뛰어난 기업이라 해도 언제든 또 다른 혁신에 대체될 수 있다는 사실을 많은 이들에게 상기해줬다.

핀테크 유니콘들의 성장 패턴

—

핀테크 스타트업이 유니콘으로 성장하는 과정에는 일정한 패턴이 있다. 새로 출시되는 서비스는 충성도 있는 고객 기반도, 고객의 눈길을 끌 수 있는 마케팅에 투자할 돈도 없다. 그래서 적은 고객을 대상으로 그들이 충성 고객으로 전환될 수 있을 만한 수준으로 서비스를 충분히 고도화한 뒤 마케팅 투자를 시작한다. 이후 충성 고객이 충분히 모이게 되면 수익성 높은 서비스를 하나둘 선보이며 재무 실적을 개선해간다.

페이팔도 처음에는 보안 솔루션, 송금, 이메일 결제와 같은 몇몇 서비스를 테스트하는 수준이었다. 그러던 중 전자상거래 업체 이베이에서 대량 거래를 만드는 파워셀러를 대상으로 한 새로운 결제 서비스 사업 모델을 발견한다. 파워셀러는 아주 잦은 주기로 결제 시스템을 필요로 할 뿐만 아니라 다른 사용자들을 대상으로 한 확산 효과도 큰 집단이다. 이에 페이팔은 이들을 상대로 점차 고객층을 넓혀가며 결제 서비스를 확장하게 되는데, 전체 전자상거래 결제 중 20%를 담당할 정도로 성장한다. 이를 발판으로 페이팔은 여러 다양한 금융 영역으로 사업을 확장해나갔다.

이런 성공 공식은 전 세계 여러 핀테크 유니콘 스타트업으로부터 증명된 것이다. 세계적인 규모로 성장한 핀테크 스타트업들이 모두 결제와 송금 서비스를 필두로 시작한 것은 우연이 아니다. 결제와 송금은 고객들의 사용 빈도가 가장 높은 서비스 중 하나로 이

핀테크 서비스의 사업 확장 양상

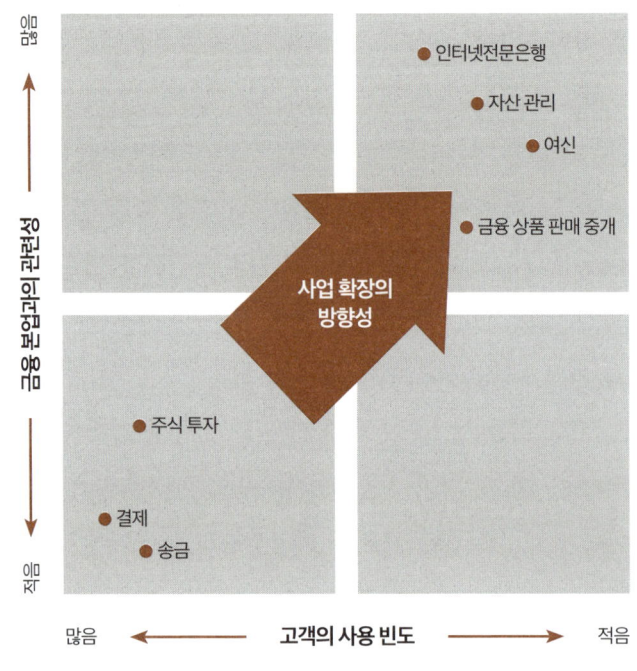

핀테크 스타트업은 대부분 고객의 사용 빈도가 높은 결제와 송금 서비스를 시작으로 점차 금융업의 본질적인 영역으로 확장해나간다.

기능만 훌륭하게 구현해도 상당한 트래픽을 확보할 수 있다. 더불어 금융업의 본질적인 영역, 예를 들면 리스크 분석이나 관리에 대해서도 딱히 역량을 필요로 하지 않기에 진입 장벽도 낮다. 물론 처음에는 수익성이 높진 않지만, 기존의 결제나 송금에서 고객이 느꼈던 불편을 개선하며 조금씩 서비스를 확산해간다. 이 시기의

카카오와 네이버는 어떻게 은행이 되었나

스타트업들은 무작정 다른 기능을 넣는 것이 아니라 핵심 기능을 끝없이 개선해가며 완전히 충성도 높은 고객 기반을 확보하는 데 주력한다.

충성도 높은 고객으로 전환되는 것이 승명되고 나면 이후 막내 한 마케팅 투자를 집행한다. 충성 고객은 웬만해서는 한번 들어온 뒤에는 빠져나가지 않으므로 돈을 쏟아부어도 그 투자는 효과로 직결된다. 유입된 고객들은 새로운 서비스에 만족을 느끼며 과거에 쓰던 서비스를 더 이상 쓸 유인을 느끼지 못하고 넘어온다. 이에 점차 새로운 서비스는 고객들의 서비스 이용 횟수가 늘어나고, 실행 주기가 짧아지며, 강력한 플랫폼 파워를 가지게 된다. 이후 스타트업은 여러 테스트를 계속 이어가며 고객이 필요로 하면서 동시에 수익성도 높은 서비스를 발굴해간다. 플랫폼 파워를 수익으로 연결해가는 것이다.

가장 빈번한 수익화 방식은 예·적금, 대출, 카드, 보험 등 금융 상품 판매를 중개하는 것이다. 주로 고객에게 기존의 금융 서비스 이용 이력을 토대로 추가적인 혜택을 제공하거나 대출이나 보험의 경우 비용이 조금 더 저렴한 상품을 추천하는 식이다. 여기서 해당 스타트업은 금융 회사로부터 판매 중개 수수료나 광고비를 받는다. 어느 정도 규모가 있는 핀테크 스타트업은 금융 회사와 직접적인 협력을 통해 자신들의 브랜드를 앞세운 금융 상품을 개발하고 판매하기도 한다.

스타트업은 이런 비즈니스를 통해 고객 데이터를 수집할 수도 있다. 여기서 수집된 데이터는 기존 금융권들이 커버하지 못한 고객군을 중심으로 자체적으로 신용평가 모델을 개발하고, 이를 고도화하는 데 활용된다. 파일럿 테스트나 소액 신용 대출과 같은 서비스를 통해 스타트업은 이전에는 엄두도 내지 못했던 리스크 분석이나 관리에 대한 역량을 쌓을 수도 있다. 이후 금융사만 취급할 수 있었던 상품들을 직접 제공할 만큼 성장하게 되면 경우에 따라 아예 은행, 증권, 보험사 인가를 추진한다.

물론 이것이 결제 또는 송금으로 사업을 시작해야만 크게 성장할 수 있음을 뜻하지는 않는다. 핵심은 고객의 사용 빈도가 높아 그들과의 밀착도를 높일 수 있는 서비스로 시작해서 유입된 고객을 완전히 충성 고객으로 만들 수 있어야 한다는 것에 있다. 이런 서비스는 결제나 송금 외에도 주식 거래나 결제 내역 관리, 본인 인증 등이 될 수도 있다.

기술이 아닌 고객 불편에 집중해야
—

간혹 기술적 우위를 내세워 자신들을 소개하는 핀테크 서비스가 있다. 혹은 어떤 새로운 기술이 주목받을 것 같다고 하면 어김없이 두세 달 뒤에 그 기술을 도입했다는 것에만 초점을 맞춰 홍보하는 경우도 있다. 이들의 도전적인 시도 자체는 존중받아야겠지만, 대체로 이런 서비스는 고객의 호응을 얻지 못하고 얼마 뒤 사라진다.

솔리더스 네트웍스Solidus Networks는 2002년에 설립된 지문 결제 서비스 회사다. 이들이 제공한 페이바이터치Pay By Touch는 식료품점과 같은 소매점에서 지문을 기반으로 결제하는 솔루션이다. 소매점에서는 고객의 지문을 저장해두고 이를 해당 고객의 계좌나 카드 정보와 연동한 뒤 지문을 이용해 간편하게 결제할 수 있도록 했다. 이들은 '최초로 지문 결제를 도입했다'라는 문구를 쓰고 싶어 하는 몇몇 소매점을 중심으로 시작했지만, 고객들은 원래 잘 쓰고 있던 실물 카드를 대신해서 굳이 자신의 지문을 소매점 매대에 등록하는 수고를 들이거나 개인정보 유출에 대한 위험을 지는 것을 원치 않았다. 결국 이들은 2008년에 파산했다.

2017년에 우후죽순 생겼던 블록체인 기반의 암호화폐 서비스도 마찬가지다. 당시 수많은 스타트업이 블록체인을 활용한 금융 서비스를 내걸며 혁신을 외쳤다. 투자자들은 블록체인, 암호화폐, 탈중앙화와 같은 개념이 무엇인지도 모른 채 돈을 던졌고, 실제로 많은 프로젝트가 상당한 수준의 돈을 끌어모으기도 했다. 하지만 조금만 자세히 그들의 사업계획서White Paper를 들여다보면 기존 시스템에 딱히 불편함이 없는데 바꾸려 하거나 불편이 있어도 스타트업들이 제시한 방식이 기존보다 오히려 더 복잡한 경우가 많았다. 그리고 몇 년이 지난 지금, 블록체인 광풍이 불었던 당시 상황은 거품Bubble으로 규정되고 있다.

위 두 사례를 과거 몇몇 업체의 잘못된 판단으로 여길 수도 있지만, 현재에도 서비스가 잘되거나 고객을 모으는 것이 아닌, 단순히 특정 기술을 도입하기 위해 내놓는 서비스가 많다. 다만 이들 서비스 대부분이 제대로 확산되지 못한 채 사장되어 대중에게 알려지지 않았을 뿐이다. 지금도 솔리더스 네트웍스가 한 것처럼 인프라나 변화 필요성에 대한 사회적 공감대가 전혀 없는 상태에서 결제 방식만 바꾸겠다고 하거나 블록체인 암호화폐 서비스처럼 특정 기술을 채택한 것이 혁신의 전부인 서비스들이 나오고 있다. 몇 년 뒤 이들에게는 아무도 알아주지 않는 '세계 최초', '국내 최초'와 같은 타이틀만 남을 것이다.

그렇다면 우리가 해야 할 가장 중요한 질문은 무엇일까? 바로 '어떤 문제를 해결할 것인가'이며, 그다음으로 중요한 것은 '그 문제를 어떤 방식으로 해결할 것인가'다. 어떤 기술을 사용했는지와 같은 요소는 고객 입장에서는 부수적일 뿐 서비스 성과에 유의미한 영향을 주지 못한다.

우리는 핀테크가 금융 기술 혁명이 아닌, 금융 서비스 비즈니스 모델의 변화임을 기억해야 한다. 앞서 설명한 비바리퍼블리카의 토스와 스퀘어의 캐시앱은 결코 새로운 기술을 활용해서 성공한 것이 아니다. 토스는 고객이 기존 은행의 송금 기능을 매우 불편하게 여긴다는 것에서, 캐시앱은 고객이 간편송금 앱에서 개인정보가 유출되지는 않을까 하는 위험을 느낀다는 것에서 그 가능성을 찾았다. 그리고 이들은 반복적인 사용자 테스트를 통해 각각의 문제를 가장 잘 해결하기 위한 방법을 발견해 지금의 자리에 위치하게 됐다.

핀테크 혁명에도
잘나가는 금융사의 비결

핀테크는 금융 회사가 경험해보지 못한 여러 혁명적 시도를 빠른 속도로 이루며 업계의 판도를 뒤흔들었다. 고객들은 투덜거리면서도 딱히 다른 대안이 없어 전통적인 금융 기업들의 울타리 안에 머물러왔지만, 이제는 적극적으로 문제를 제기하고 있다. 금융 서비스에 기대하는 수준도 높아졌다. 금융기관들은 고객들의 달라진 태도에 적응하고자 노력했으나 자신들의 준비가 미비하다는 것만 드러났다. 그사이 핀테크 회사들이 광범위한 금융 산업을 조금씩 잠식해갔다.

그러나 격동의 시기에는 새로운 강자가 나타나기 마련이나. 많은 이들이 기존 방식을 고수하며 외부 변화에 투덜댈 때, 세상의 변화를 빠르게 포착하고 과거의 여러 성공 공식을 파괴하며 오히려 괄목할 만한 성장을 보여주는 거대 세력도 존재하는 법이다. 위기 상황은 이들을 더 돋보이게 한다. 온라인 쇼핑몰, 모바일 메신저를 만드는 IT 기업들이 금융 서비스 영역을 공략했을 때, 처음에는 금융사도 어쩔 줄 몰라 하며 자신들의 모바일 뱅킹 화면을 유명 IT 기업의 금융 서비스를 따라 바꾸거나 개중에는 역으로 IT 기업을 공격하겠다며 무작정 쇼핑몰과 메신저부터 만든 곳도 있었다. 하지만 이들 사이에서도 새로운 판에 적응하며 디지털 은행으로 성공적으로 전환한 금융사들이 있다.

은행 업계의 아마존, DBS

—

"파괴적 변화에 대응하는 최고의 방법은
먼저 자신을 파괴하며 앞으로 열릴 시장을 선점하는 것이다."

아마존의 CEO 제프 베이조스를 떠올리게 만드는 이 말은 놀랍게도 싱가포르 최대 은행 DBS의 CEO 피유시 굽타^{Piyush Gupta}가 한 말이다. DBS는 〈하버드 비즈니스 리뷰〉가 선정한 최근 10년간 가장 성공적으로 혁신한 세계 10대 기업 중 하나로, 현재 여러 금융 관계자로부터 '세계 최고의 디지털 은행'으로 인정받는다.

피유시 굽타는 은행 업계의 제프 베이조스로 불리며, 전통 은행도 변화를 통해 핀테크 유니콘 못지않은 혁신 기업으로 진화할 수 있다는 가능성을 보여주었다. 그는 2014년 알리바바의 대표였던 마윈과 만남 이후 앤트그룹과 같은 새로운 강자들이 금융 산업을 잠식할 수도 있다는 두려움에 DBS를 디지털 은행으로 탈바꿈하기 위한 전략을 적극적으로 펼치기 시작했다. 그 결과 지난 10년간 DBS의 수입은 두 배 이상, 순이익은 세 배나 증가했고 시가 총액은 거의 두 배가 됐다.

DBS가 디지털 혁신을 위해 가장 먼저 시작한 일은 디지털 중심으로 조직을 재편하는 것이었다. 이에 'Become Digital to the Core(회사 중심부까지 디지털로 전환하라)'라는 구호를 전면에 내건다. 단순히 보이는 서비스만 디지털로 바꾸는 것이 아니라 업무 방식부터 의사결정, 그리고 기업 문화까지 모조리 다 디지털 중심으로 전환하겠다는 게 그의 의지였다. DBS는 전체 IT 시스템의 80% 이상을 클라우드로 전환하고, 직원들이 직접 진행하던 업무의 상당 부분을 디지털화했다. 통상 금융기관에서는 IT 시스템을 외주에 맡겨 개발하는 경우가 많지만, DBS는 85% 이상의 업무를 내부 직원들이 직접 관리할 수 있도록 인력을 충원했다. 이들은 단순히 시스템만이 아닌, 조직 문화 자체를 바꾸기 위해 노력했다. 스타트업과 같은 역동적인 분위기를 만들기 위해 스타트업과 협업하게 하는 한편, 전 직원을 대상으로 주기적으로 해커톤[*]을 개최하며 새로운 시도의 중요성에 대한 공감대를 만들었다. 여기서 나온 1천 개

● 해커톤Hackathon: 소프트웨어 개발자, 기획자, 디자이너가 함께 팀을 이뤄 정해진 시간 내에 새로운 IT 서비스에 대한 프로토타입을 만드는 이벤트.

이상의 아이디어들은 실제로 테스트를 통해 디지털 서비스를 고도화하는 데 활용됐다.

또한 고객이 은행 서비스를 이용하는 목적에 맞춰 다양한 디지털 서비스를 출시했다. 일반 고객을 대상으로 모바일 뱅킹 디지뱅크Digibank, 결제 서비스 페이라PayLah, 자산 관리 서비스 아이웰스iWealth를 선보였고 부동산 중개, 자동차 판매, 여행 예약, 전력 구입* 서비스를 은행 내에서 금융 서비스와 연계해 제공했다. 법인 고객 대상으로는 자금 관리 서비스인 트레저리 프리즘Treasury Prism, 법인 뱅킹 서비스 DBS 아이디얼DBS Ideal을 출시했다. 이로써 DBS는 IT 기업이라 해도 손색없을 만큼 방대한 금융 서비스 포트폴리오를 갖추게 되었다.

새로운 서비스는 고객이 다른 핀테크 서비스로 이탈하지 않도록 고객과의 접점을 유지하는 데 기여했다. 특히 디지뱅크는 지점을 세우기 힘든 인도와 인도네시아 고객까지 확보했다. 이는 자연스럽게 DBS의 수익도 개선시켰는데, DBS의 중고차 서비스는 출시 1년 만에 월 방문자 수 260만 명, 매물 조회 건수 4천만 건을 기록했고, 부동산 서비스 역시 출시 1년 동안 2,600억 원(3억 싱가포르 달러)의 주택담보 대출을 발생하며 성장했다. 이 같은 디지털 채널을 통해 유입된 고객은 전체 고객의 39% 정도였지만, 이익 기여

---

* 싱가포르는 전력 시장이 자유화되어 있어 소비자가 SG그룹(싱가포르 전력 공사) 외에도 다른 회사의 전력을 직접 비교해서 사용할 수 있다. 그래서 싱가포르 소비자는 자신의 전력 소비 패턴에 맞춰 원하는 상품을 구입해 이용한다.

도 측면에서는 전체의 68%를 차지할 정도로 매력적인 고객층이 됐다.

나아가 DBS는 은행 시스템을 적극적으로 개방해 서비스 생태계를 새롭게 조성하고자 다른 소프트웨어 개발 회사들이 DBS와 연동해서 다양한 기능을 제공할 수 있도록 오픈 API[**]를 제공했다. DBS는 현재 200개 이상의 오픈 API를 제공하고 있는데, 이들 중에는 계좌 조회, 이체, 카드 결제, 환전, 자동 납부와 같은 기본적인 기능 외에도 DBS 은행에 쌓인 포인트를 사용할 수 있게 하거나 DBS의 주택담보 대출을 받을 수 있게 하는 API, 고객에 대한 마케팅 정보를 분석할 수 있게 하는 API와 같이 고도화된 기능도 있다.

DBS의 오픈 API를 활용한 서비스는 꾸준히 증가하며 이들의 IT 생태계를 공고히 하고 있다. 운송·배달 서비스인 그랩은 기사들의 일일 수입을 빠르게 정산해 매일 바로 지급할 수 있는 시스템을 구현했고, 맥도날드는 DBS의 오픈 API 기반의 간편결제 서비스를 제공한다. 중소기업은 회계 소프트웨어 제로[Xero]를 DBS와 연동해 한 번에 기업의 현금흐름을 분석하고, 기업 간에 송장을 주고받고 있다. ERP 소프트웨어 텔리[Tally]를 통해 하나의 대시 보드에서 결제 상태와 거래 정보를 보여주는 기능도 이용한다. 기업을 대상

[**] 오픈 API[Open Application Programming Interface]: 외부 서비스에서 특정 시스템이 제공하는 기능을 활용해 다양한 서비스를 구현할 수 있도록 공개된 프로그래밍 규칙 모음이다. 예를 들어 DBS에서 제공한 '이체' 오픈 API를 활용하면, 다른 핀테크 기업은 자신들의 서비스에서 DBS의 계좌를 통한 '이체' 기능을 개발해 자신들의 고객에게 이 기능을 제공할 수 있다.

으로 하는 이 두 소프트웨어는 DBS 법인 뱅킹 서비스인 DBS 아이디얼과 연동돼 기업에서 쉽게 출납을 관리하게 한다.

중고차 시장에 뛰어든 KB금융

한국에서도 핀테크 기업의 성장에 따라 금융 회사의 변화 움직임이 뚜렷하다. 특히 KB금융그룹과 신한금융그룹이 디지털 전략에 가장 발 빠르게 대응하고 있다. 이들은 지주 차원에서 디지털 전략을 총괄하며, 막대한 투자를 통해 디지털 부문의 인재와 관련 서비스 기반을 확충하고 있다.

가장 주목할 곳은 KB금융그룹이다. 2018년 KB국민은행은 창립 17주년 행사에서 디지털 트랜스포메이션 선포식을 열었다. 그들은 "대형 플랫폼 기업이 은행의 최대 경쟁자로 부상하고 있는 현실에서 변화는 선택이 아닌 숙명"이라며, 2025년까지 디지털 부문에 2조 원을 투자하고, 디지털 관련 인재 4천 명 이상을 양성할 것을 밝혔다. 심지어 은행장이 직접 KB금융그룹 지주사의 디지털 혁신 부문의 장을 맡았는데, 통상 은행장이 겸직하는 것도 드문 데다 전통적인 핵심 분야가 아닌 디지털 전환을 총괄했다는 점에서 이들이 디지털에 사활을 걸었음을 보여줬다.

이들은 기존 모바일 뱅킹인 KB스타뱅킹 외에도 간편뱅킹 서비스 리브Liiv, 그룹 통합 멤버십 서비스 리브 메이트를 선보였다. KB

스타뱅킹은 기존의 복잡했던 앱 구성을 간소화하는 데 주력했다. 대부분의 고객이 계좌 조회를 목적으로 앱을 구동한다는 것에 주목해 로그인 전에 계좌 잔액을 확인할 수 있는 '계좌뷰' 서비스를 제공하고, 3개월 이내에 이체한 적 있는 계좌로는 별도 인증 과정 없이 송금할 수 있는 '빠른 이체' 서비스를 도입했다.

이런 변화에는 KB금융그룹의 애자일 조직* 스쿼드Squad의 역할이 컸다. 입사 3년 차 정도의 직원 5~6명을 팀으로 구성해 신속하게 서비스를 개선해나가는 이 조직에서는 나이와 연차, 직급을 떠나 자유롭게 의견을 내고 토론한다. 특히 오래된 대기업에서는 당연한 것으로 간주됐던 복잡한 결재 과정 없이 곧바로 대표와 소통하며 가장 필요한 업데이트 사항들부터 해결해갈 수 있게 했다. 그 결과 모바일 뱅킹 서비스는 핵심 기능 외에 고객이 사용하지 않는 메뉴는 해당 조직의 눈치를 보지 않고 과감히 제거해 간소화했다. 통상 1년 이상 소요되는 개편 프로젝트가 스쿼드 덕분에 3개월 만에 마무리될 수 있었다.

한편 계열사인 KB캐피탈은 중고차 거래 서비스 KB차차차를 통해 고객과의 접점을 직접 확보하며 중고차 업계를 뒤흔들고 있다. KB차차차는 중고차 딜러가 올린 매물을 고객이 비교하며 차량을 구매할 수 있게 한 서비스다. 이 시장에서는 엔카닷컴이 독보적이었지만, 2016년 KB캐피탈이 중고차 시장의 고질적인 문제인 허

• 애자일Agile 조직: 민첩하게 움직이는 조직이라는 뜻으로 빠르게 변화하는 외부 환경에 대응하기 위해 소규모 인원으로 신속하게 의사결정하며 업무를 수행한다.

위 매물 문제를 해결하며 빠르게 몸집을 키웠다. 이들은 게시된 매물의 실제 소유주가 해당 딜러가 맞는지를 확인하고, 만약 고객이 중고차 구매를 위해 매매단지에 방문했는데 해당 매물이 없으면 보상금을 지급하는 '헛걸음 보상제'를 시행했다.

KB차차차가 업계에서 가장 많은 수의 매물을 확보하며 꾸준한 성장세를 보이자 KB캐피탈의 중고차 금융 자산은 2015년 8,075억 원에서 2019년 1조 6,186억 원으로 폭증했다. 현재 업계 선도사인 현대캐피탈과 1위를 다툴 정도다. 나아가 KB금융그룹은 2019년 12월 계열사의 자동차 대출 상품의 금리와 한도를 한 번에 확인할 수 있는 KB차이지 서비스를 출시했다. 이 서비스를 통해 고객은 KB국민은행, KB국민카드, KB캐피탈의 금융 상품을 비교해 자신의 상황에 맞는 금융 상품을 이용할 수 있게 되었다. 이는 캐피탈사에서 대출받기를 꺼리는 고객까지 흡수하겠다는 것이다.

이 밖에 KB금융은 부동산 서비스 리브온, 자산 관리 서비스 마이 머니, 대화형뱅킹 서비스 리브똑똑, 취업 정보 서비스 굿잡, 정책자금 안내 서비스 KB브릿지 등을 출시해 테스트하고 있다. 너무 많은 앱이 혼란스럽다는 고객들의 지적이 있는데,[22] 실제로 이들 중 대부분의 서비스는 실패할 것이고, 그중 몇몇 시도만이 거대한 반향을 일으킬 것이다. 절대다수의 스타트업이 망하지만, 성공한 몇몇이 결국 세상을 바꾸는 것처럼 KB의 서비스도 그러한 절차를 밟아나갈 전망이다.

카카오와 네이버는 어떻게 은행이 되었나

골드만삭스, 핀테크 스타트업과 한배를 타다

—

골드만삭스는 전 세계 최고라 불리는 미국의 금융사다. 이들은 원래 부유층과 대기업을 중심으로 사업을 영위해왔으나, 2008년 금융 위기 이후 일반 고객 대상으로 비즈니스의 폭을 넓혀가고 있다. 특히 2016년에는 모바일 뱅킹 서비스 마커스Marcus를 출시하고, 상당한 손실을 감수하면서까지 높은 금리를 제공하는 예금 상품을 선보이며 고객을 유치하기 위해 노력했다.

게다가 "우리는 은행이 아닌 테크Tech 기업이다"라고 선언하며 전사적으로 IT 기업으로의 변신을 꾀했다. 트레이딩 업무는 기존에 500명의 직원이 수행했지만, 이제는 3명이 전부다. 대신 엔지니어의 규모는 웬만한 테크 기업을 능가한다. 2015년 페이스북 전체 직원이 9,200명인데 반해, 골드만삭스는 엔지니어만 9천 명 수준으로 더 많은 개발자를 보유하고 있었다. 2020년 6월 기준 페이스북의 직원 수가 5만 2천 명, 골드만삭스의 엔지니어는 1만 1천 명으로 이는 더 이상 사실이 아니지만, 그들이 정말 엔지니어에 혈안이 되어 있었음을 짐작하게 한다.

골드만삭스의 디지털 전략은 핀테크 기업과의 협력이 핵심이다. 매년 10~20여 개의 핀테크 기업에 투자할 정도로 핀테크 스타트업 업계의 '큰손'으로 불리는 이들은 핀테크 시장의 성장 가능성을 크게 보고 핀테크 스타트업과의 전략적 파트너 관계를 맺고 있다. 나아가 단기간에 자신들에게 필요한 역량을 갖추고 있는 회사에 대해서는 과감하게 인수하거나 업무 제휴를 진행하면서 해당 기술을 자사에 접목하고 있다.

2014년 골드만삭스는 실시간 AI 분석 소프트웨어를 만드는 기업 켄쇼Kensho에 투자했다. 켄쇼는 금융 시장에 필요한 정보를 실시간으로 분석하는 서비스를 제공하는 기업이다. 예를 들어 "아마존의 5년 치 현금 흐름을 알려줘", "미세먼지가 역사적으로 시장 가격에 어떤 영향을 미쳤는지 찾아봐 줘"라고 요청하면 이 서비스는 데이터 기반의 머신러닝 기술을 통해 결과를 도출한다. 원래 이 일은 투자사의 주니어급 애널리스트가 하는 업무였는데, 이제는 굳이 사람에게 맡길 필요가 없다. 골드만삭스는 켄쇼에 투자하면서 이들과 함께 AI 시스템 워런Warren을 개발 및 도입하면서 자신들의 노동집약적인 리서치 업무를 효율화했다.

2018년에는 일반 고객 대상의 자산 관리 서비스인 클래리티 머니Clarity Money를 인수했다. 골드만삭스가 제공하는 모바일 뱅킹 서비스 마커스는 서비스 역량이나 고객 기반 등 모든 측면에서 경쟁 서비스에 비해 부족했다. 클래리티 머니는 AI를 활용해 고객이 자신의 계좌와 카드를 쉽게 관리할 수 있게 해주는 서비스로 고객에게 아주 쉽고 깔끔한 유아이UI, User Interface를 통해 자신의 금융 자산을 관리할 수 있게 했다.

2020년 1월 골드만삭스는 클래리티 머니의 기술을 통합한 마커스 앱을 새롭게 출시하며 경쟁력을 높였다. 여기에 소셜 미디어를 실시간으로 분석하는 업체인 데이터마이너Dataminr, 중소기업의 퇴직연금을 관리해주는 어니스트달러Honest Dollar, AI 기반의 수요 예측 솔루션 기업인 앤튜이트Antuit.ai에 투자하거나 이들을 인수하며 핀테크 기업과의 협력을 계속해서 강화하고 있다.

전통 금융사 중에는 핀테크 기업을 단순한 경쟁 상대로만 바라보는 곳도 있다. 그러나 이는 시대의 변화에 역행하며 고객과 서비스 경쟁력을 잃게 만드는 일차원적 사고다. 골드만삭스는 핀테크 기업과 싸우고 경쟁할 것이 아니라 직접 그들과 협업하며 자신들이 더 성장할 수 있음을 보여줬다. 기업은 인수나 제휴를 통해 자신들이 보유하지 못한 기술이나 비즈니스 모델을 흡수할 수 있고, 투자를 통해 가능성 높은 기술이나 아이디어를 보유한 핀테크 서비스를 초기부터 육성해 미래 사업 모델로 활용할 수도 있다.

사람을 바꿔야 사업이 변한다

—

앞서 살펴본 사례들이 놀랍게 느껴지는 이유는 대부분의 금융 회사는 이런 변화에 소극적이었기 때문이다. 지금까지 금융 회사는 주어진 위험 수준에서 최대의 수익을 얻는 것에 훈련돼 있었다. 자신을 파괴하면서 달라진 게임을 시작하는 것은 무모한 행위로 여겼다. 그러나 시대가 변했다. 굳건했던 전통 금융기관을 흔들 만큼 핀테크 기업은 이미 더 적은 비용으로 새로운 서비스를 끊임없이 시장에 내놓고 있다.

그렇다면 이미 속도전이 붙은 핀테크 시장에 전통 금융기관들은 어떻게 변화를 만들어내야 할까? 앞서 소개한 세 기업처럼 오래된 기업임에도 불구하고 혁신을 선도하는 금융 회사들을 분석해보면 몇 가지 공통점을 발견할 수 있다.

우선 이들은 단순히 기술을 채택하는 것이 아니라, 기업의 문화를 바꾸는 데 초점을 맞춘다. 특정한 툴을 도입하고, 프로세스를 개선하고, 서비스 화면을 바꾸는 것은 일시적인 방편이다. 어차피 이런 변화는 얼마 지나지 않아 새로이 등장하는 더 나은 기술에 의해 또다시 구식으로 뒤처진다. 그래서 선도적인 회사들은 조직에 있는 사람들을 변화시키기 위해 이들의 사고방식과 의사결정 방식을 바꾼다. 또한 디지털 인력을 육성하기 위한 교육 체계와 함께 뛰어난 디지털 인재들이 전사 곳곳에 배치될 수 있도록 시스템을 새롭게 구축한다. 유연하고, 민첩하게 의사결정이 가능하도록 결재 체계를 바꾸고, 외부 인재를 적극적으로 발굴하며, 뛰어난 결과를 보이는 직원에게는 파격적인 보상이 돌아갈 수 있도록 체계 자체를 바꾸는 것이다. 이 과정에서 과거의 방식대로 좋은 위치에 지점을 세우고 영업만 할 줄 알았던 사람들이 변화를 보이기 시작할 것이다.

둘째, 이들 기업은 적극적으로 외부의 뛰어난 조직과 협력하며 열린 변화를 만들려 한다. 간혹 모든 것을 자체 개발하며 직접 소유하고, 다른 기업과는 뚜렷한 이득이 보이지 않는 한 협업하지 않으려는 금융사가 있다. 그러나 혁신적인 기술이나 서비스를 이미

카카오와 네이버는 어떻게 은행이 되었나

갖고 있는 회사들과 협업하면 그들의 자원을 곧바로 빌려 쓸 수 있을 뿐 아니라 이후에 발생하는 여러 변화에도 빠르고 유연하게 대응할 수 있다. 모든 걸 혼자 하려고 한다면 괜히 아까운 시간만 낭비하게 될 것이다.

앞서 살펴본 선도 기업들 역시 외부 기업들과 협력을 통한 오픈 이노베이션Open Innovation에 적극적이다. DBS는 부동산 서비스를 위해 온라인 부동산 서비스 엣지프롭EdgeProp, 아버스페이스Averspace와 제휴해 서비스 론칭과 동시에 10만 개 이상의 매물을 고객에게 제공했다. KB캐피탈의 KB차차차도 후발 주자였지만, 딜러 대상으로 온라인 중고차 유통망을 운영하는 아톤모빌리티와 제휴해 업계에서 가장 많은 수의 차량 매물을 짧은 시간에 확보했다. 폐쇄적으로 모든 걸 직접 하려 했다면 이룰 수 없는 성과였다.

마지막으로 단기적인 손실을 두려워하지 않고 중장기적인 시각에서 혁신을 바라본다. 스타트업에 투자하는 벤처캐피탈 회사들은 통상 7~10년, 최소 4년 이상을 바라보고 투자한다. 때문에 핀테크 서비스는 충분히 여러 비즈니스를 시험해보고 실패하면서 성장할 수 있다. 반면 금융 회사의 경우 무작정 ROIReturn On Investment(투자자본수익률)와 같은 투자수익률만 따지는 경향이 있다. 내부 투자 승인의 기준이 단기적인 재무 지표에만 초점을 두고 있다면, 획득한 고객의 미래 가치와 서비스를 제공하면서 익게 된 디지털 서비스의 개발 및 운영에 대한 조직 역량, 향후 새로운 혁신적인 서비스를 추진해 갈 동력과 같은 요소들은 등한시될 수 있다. 그래서 그런지 디지털 변화에 의지를 가진 대표가 오랜 기간 재임한 금융 회사일수록 더 장기적인 로드맵을 갖고 체계적으로 변화를 만들어 가는 경향이 있다.

싱가포르 은행 DBS의 CEO 굽타는 2009년 회장에 취임한 이후 지금까지 '우리 스스로 핀테크 스타트업이 되자'는 메시지를 일관되게 공유했고, 막대한 투자를 이어가며 변화를 추진해왔다. KB 금융그룹의 윤종규 회장 역시 2014년부터 회장직을 맡아 변화를 주도하고 있다. 큰 조직이 짧은 시간 내에 급격히 변화하는 것은 어려운 일이다. 그러므로 이들처럼 장기적인 관점에서 굳건히 변화를 만들어온 기업만이 뚜렷한 성과를 낼 수 있다.

카카오와 네이버는 어떻게 은행이 되었나

Fintech

기업가치가 1조 원(10억 달러)을 넘어선 비상장 스타트업을 유니콘이라 부른다. 시작한 지 얼마 되지 않은 기업이 이만한 가치를 인정받는 건 매우 희귀한 일이라 붙여진 이름이다. 유니콘 기업은 신선한 비즈니스 모델과 놀라운 실행력으로 처음에는 불가능해 보였던 여러 변화를 현실로 만들어왔다. 그런 그들이 이제는 시장을 선도하며 점차 주류로 거듭나고 있다.

2부에서는 금융 서비스 시장의 지각 변동을 일으킨 8개의 핀테크 유니콘 기업을 살펴볼 것이다. 이들 중에는 이미 시장의 대세로 자리 잡은 기업도 있다. 이들의 성장 전략을 통해 또 다른 성공을 위한 기회를 발견해보자.

혁신을 만드는 거대 개미,
앤트그룹

2020년 8월 앤트그룹^{Ant Group}은 사상 최대 규모의 IPO(주식공개시장)를 통해 홍콩과 상하이에 동시 상장 계획을 발표했다. 비록 이 계획은 여러 이유로 철회됐지만, 이들이 상장을 위해 제출한 서류에는 그간 외부에 공개되지 않은 앤트그룹의 사업 성과가 담겨 있었고 이 내용은 많은 이들을 놀라게 했다.

앤트그룹은 2020년 상반기에 매출 12조 6천억 원(725억 위안), 순이익 3조 5천억 원(212억 위안)을 기록했다. 참고로 2019년 한 해 매출은 20조 9천억 원(1,206억 위안), 순이익은 2조 9천억 원(170억 위안)으로 상반기에만 지난 한 해 순이익을 훌쩍 뛰어넘은 것이다. 물론 이미 규모가 큰 기업이긴 하지만 이렇게 가파르게 성장한다는 것, 심지어 30%가량의 이익률을 달성했다는 것은 놀라운 일이

카카오와 네이버는 어떻게 은행이 되었나

다. 알리바바 그룹의 자회사로서 알리페이를 중심으로 사업이 잘 되고 있다는 것은 알고 있었지만, 이 정도일 줄은 몰랐다는 반응이 주를 이뤘다.

앤트그룹은 일상생활에서부터 부동산에 이르기까지 모든 결제에 광범위하게 쓰이는 알리페이로 월간 활성 사용자 7억 명, 연간 활성 사용자 10억 명의 강력한 고객 기반을 모았다. 그리고 이제는 이런 고객 기반을 바탕으로 여러 금융 서비스로 사업을 다각화하며 종합 금융 회사로 변모하고 있다.

구매를 망설이는 고객의 우려를 해결하다

앤트그룹의 시작은 온라인 쇼핑몰 알리바바다. 인터넷이 중국에 막 보급되던 시절, 알리바바 그룹의 창업자인 마윈은 인터넷 기반의 여러 사업을 시도하다 실패한 후 중국 정부의 대외무역부에서 근무하게 된다. 당시 한 외국인을 상대로 만리장성을 소개하는 일

출처: 앤트그룹

그야말로 개미들의 돈으로 금융제국을 건설한 앤트파이낸셜은 알리바바 그룹의 자회사로 탄생해 빠른 속도로 10억 명의 이용자를 유치했다.

정이 생겨 나갔는데, 마침 그 외국인이 야후의 창업자 제리 양이었다. 제리 양은 영어도 잘하고, 인터넷 변화에도 관심 많은 마윈을 인상 깊게 보고, 그와 연락을 이어갔다. 그리고 1999년 마윈이 알리바바를 세우자 제리 양은 선뜻 그를 과거 야후에 투자했던 소프트뱅크 손정의 회장에 소개해준다. 온라인 쇼핑 사업에 관심 많던 손정의 회장은 마윈의 발표를 듣고 곧장 알리바바에 투자했고, 이후 제리 양도 알리바바에 큰 규모의 투자를 결정한다.

초기 알리바바는 중국의 여러 기업이 자사의 제품 정보를 알리바바에 게시하면 전 세계 바이어들이 이를 한눈에 볼 수 있게 하는 B2B 플랫폼이었다. 그러나 2002년 미국의 이베이가 중국의 한 C2C 쇼핑몰을 인수하며 중국 시장에 진출하자, 알리바바 역시 재빠르게 C2C 쇼핑몰 타오바오를 오픈하며 대응했다. 당시 중국 언론에서는 타오바오와 이베이의 경쟁을 '개미와 코끼리의 싸움'이라 표현했을 정도로, 거대한 자본력을 가진 이베이는 엄청난 규모의 마케팅 투자를 하며 고객을 끌어모았다.

이베이는 미국에서의 경험을 기초로 중국에서도 이 같은 방식으로 사업하고자 했다. 하지만 그러다 결제 시스템으로 페이팔을 도입하는 큰 실수를 저지르고 만다. 당시 중국 사람들에게는 페이팔에 등록할 신용카드가 없었다. 더구나 페이팔은 대금을 먼저 판매자에게 전달해야 하는 구조였는데 중국 사람들은 물품을 직접 받아 보지도 않은 시점에 먼저 돈부터 주는 것을 몹시 꺼렸다. 실제로 결제한 뒤 물품을 받지 못하는 일이 발생하기도 했다. 중국

카카오와 네이버는 어떻게 은행이 되었나

판매자들 역시 페이팔의 결제 수수료를 부담스러워한 데다 서비스 자체를 낯설게 느꼈다. 중국 고객과 판매자 모두 새로운 결제 시스템에 적응하기에는 시간이 필요했다.

이에 알리바바는 타오바오를 출시한 뒤 3개월 만에 자체적으로 결제 시스템을 새롭게 만든다. 이것이 바로 알리페이다. 알리페이는 고객이 카드 대신 현금을 충전해놓고 쓸 수 있는 서비스로 고객이 결제한 후 대금을 바로 판매자에게 전달하는 게 아니라, 일단 알리바바가 돈을 보관하고 있다가 구매자가 수취 확인을 한 뒤에 판매자에게 돈을 보내는 에스크로 방식으로 작동됐다. 동시에 타오바오는 결제 수수료를 무료화하며 이베이의 판매자들을 빼오는 데 힘썼다. 이후 타오바오는 중국의 C2C 온라인 쇼핑몰 시장에서 70% 이상의 시장점유율을 확보하며 이베이를 크게 따돌렸다. 결국 2007년 이베이는 중국 시장에서 철수한다. 몸집은 이베이가 훨씬 컸을지라도 결과는 고객의 불편을 빠르게 포착하고 대응한 알리바바의 완승이었다.

이베이가 떠난 후, 온라인 쇼핑 시장을 독식하기 시작한 알리바바는 급속도로 사업을 확장한다. 알리페이도 독자 사업으로 분리해 2006년 B2B 결제, 2009년에는 모바일 결제 서비스로 확대했다. 또한 여러 은행과 카드사와 제휴하며 오프라인에서도 이용할 수 있도록 했다. 2013년 알리페이의 모바일 결제 서비스 사용자는 1억 명을 돌파하며, 페이팔을 능가하는 온라인 결제 사업자로 등극한다. 2015년부터는 오프라인 가맹점을 대대적으로 늘리며 거

알리페이는 QR코드를 통해 오프라인 상점에서도 사용 가능하다. 이제는 중국뿐 아니라 세계 어느 곳을 가도 알리페이를 쉽게 발견할 수 있다.

의 모든 음식점, 가게, 택시 등에서 결제할 수 있게 됐다. 스마트폰을 쓰는 중국인이라면 알리페이 계정 하나쯤은 가지고 있을 정도로 알리페이가 대중화되자 POS 기계가 없는 시장이나 노점상에서도 자신의 계정을 QR코드로 프린트해두고 돈을 받았다. '중국에서는 동냥도 알리페이로 받는다'는 이야기도 나오기 시작했다.

본격적으로 금융업에 발을 들이다
—

알리바바는 여기서 멈추지 않았다. 알리페이에 고객이 예치해둔 잔고를 활용해 금융 서비스 사업에 나선다. 중국의 주요 은행은 국가 소유이기 때문에 은행의 마진을 보장하기 위해 정부가 은행 예금과 대출 금리를 통제한다. 그래서 기업이 자금을 조달할 때 대부분 금융사로부터 돈을 빌린다. WTO 가입 이후 금융 시장에 대한 개방이 이뤄지면서 이런 조치들이 하나둘 사라졌지만, 예금 금리에 대한 통제가 사라지기 전인 2016년까지도 중국의 은행 예금 금리는 통상 1%대, 최대 상한선이라 해도 3.3%였다.

2013년 알리바바는 한 자산운용사에 투자하면서 이 회사를 통해 MMF 상품 위어바오를 만들어 알리페이와 연계했다. MMF는 은행 예금과 마찬가지로 고객이 수시로 입출금할 수 있으면서 동시에 고객의 잔고를 모아 자산운용사가 재투자해 운용 실적에 따라 이자를 받을 수 있는 상품이다. 대체로 일반 예·적금 상품 대비 이율이 높다. 당시 알리바바는 이 상품을 통해 하루만 돈을 맡겨도 연 6% 이상의 수익률을 제공했다. 또한 일반 계좌와 동일하게 고객이 결제할 때는 위어바오에 넣어둔 돈을 이용할 수 있게 했다. 위어바오는 수익률이 높은 데다 알리페이 모바일 앱에서 쉽게 가입할 수 있다는 편리함을 내세워 중국인의 3분의 1 이상을 고객으로 확보하고, 한때 300조 원(1조 6,900억 위안)까지 잔고를 모으며 세계 1위의 MMF 펀드로 성장했다.

같은 해 알리바바는 중국의 대형 IT 기업인 텐센트와 합작해 중국 최초의 온라인 보험사 중안보험을 설립한다. 중안보험은 오프라인 보험 설계사 없이 알리바바와 텐센트의 여러 서비스를 통해 생활 밀착형 보험 상품을 출시했다. 대표적으로 온라인 쇼핑 반송비 보험이 있다. 알리바바에서 물건을 주문할 때 1위안(170원)의 보험료를 내면, 물건을 받고 마음에 들지 않아 환불하거나 교환할 때 배송료를 면제해준다. 특히 쇼핑몰 판매자들이 이 보험을 소비자에게 무상으로 제공하며 제품을 홍보하기 시작하면서 보험 가입자가 빠르게 늘었다. 중안보험은 출시 3년 만에 72억 건의 보험 계약을 성사하고 5억 명가량의 고객을 확보했다.

알리바바는 나아가 2015년 인터넷전문은행인 마이뱅크를 설립한다. 여전히 중국의 개인 사업자, 노점상, 농민 고객은 기존 대형 은행들의 대출 사각지대에 있었다. 이에 마이뱅크는 작은 식당이나 가게에 낮은 이자로 대출받을 수 있는 금융 상품을 선보이며 빠르게 성장한다. 이들은 상인 대상 소액대출 상품인 왕상따이, 농민 대상 대출 상품인 왕농따이를 주로 내세웠는데, 이자율은 통상 7~8%대로 당시 유사한 금융 상품들의 절반 수준이었다. 이들은 알리바바닷컴이나 타오바오를 이용하는 소매상들을 중심으로 기존의 금융 회사들이 제대로 커버하지 못한 고객층을 조금씩 모아갔다. 현재 마이뱅크는 중국 1위의 중소기업 대상 여신 업체로 성장했다.

이들은 금융 서비스로 사업을 확장하는 것이 새로운 수익원을 만드는 것뿐 아니라 본래 사업을 키우는 데도 기여할 수 있음을 증명하고 있다. 2015년 알리바바가 출시한 금융 상품 화베이와 제베이가 좋은 예다. 화베이는 신용카드와 유사한 후불 결제 서비스고, 제베이는 일반 고객 대상의 신용 대출 서비스다. 이들은 알리페이에서 신용카드 할부나 인터넷 신용 대출과 같은 기능을 수행하며 알리바바의 쇼핑몰 매출 증대에 혁혁한 공을 세우고 있다.

특히 화베이는 당장 현금이 없어도 결제할 수 있다. 심지어 다음 달 10일 전에만 상환하면 이자도 없다. 2020년 기준 5억 명 이상의 중국인들이 온·오프라인을 가리지 않고 음식, 의류, 전자기기 등을 사는 데 화베이를 이용했다. 신용카드 보급률이 낮은 중국에서 화베이가 신용카드와 같은 기능을 수행하고 있는 격이다. 중국판 블랙프라이데이라 불리는 알리바바의 광군제 행사에서는 모바일 결제의 40% 이상이 화베이를 통해 발생하며, 이는 알리바바가 매년 매출 신기록을 경신하는 데 큰 역할을 한다. 월 소득 1천 위안(17만 원) 이하의 젊은 세대가 화베이를 이용하면 일시적으로 소비 능력이 50%가량 상승한다는 분석도 있다. 결제 수단이 일종의 판촉 수단으로 기능하는 가운데 화베이와 제베이는 현재 중국 최대의 일반 소비자 대상 신용 대출 서비스로 자리 잡았다.

높아지는 리스크 관리 역량
—

중국인의 평균 월급이 8,698위안(150만 원)[1]인 것에 비해, 화베이의 결제 한도는 5만 위안(870만 원), 제베이의 대출 한도는 30만 위안(5,200만 원)으로 높은 편이다. 게다가 화베이와 제베이의 이율은 약 15% 선으로 중국의 다른 금융기관보다 높지도 않다. 그렇다면 이들이 이렇게 큰 규모의 대출을 무리 없이 할 수 있는 비결은 무엇일까?

대다수의 선진국에서는 개인의 신용 점수를 평가해 대출 가능 여부와 금액 한도, 이율을 책정한다. 그런데 대출 신청자의 신용 점수가 없으면 대출 심사 자체를 할 수 없다. 그래서 기존의 여러 중국 금융 회사에서는 젊은 층이나 소득이 불규칙한 사람들에 대해서는 제대로 금융 상품을 제공하기 어려웠다.

이에 알리페이는 소액부터 빌려주면서 상환 여부에 따라 차츰 한도를 높여가게 했다. 이는 화베이에서 결제할 때 최소 신용 결제 금액은 500위안(8만 5천 원), 제베이의 최소 대출 금액은 1천 위안(17만 원)으로 고객이 화베이나 제베이를 이용한 후 일정에 맞춰 제때 상환하면 한도가 점차 높아지는 방식이다. 알리페이는 금융기관들이 제대로 신용을 평가할 수 없어 돌려보내는 고객을 대상으로 경험적인 데이터를 쌓아 금융 상품을 제공한 것이다. 젊은 고객들은 처음에는 낮은 신용 한도를 부여받지만, 배달음식이나 식료품을 구입하며 신용 대출을 사용하고, 이를 납입 기한 내에 갚음으로써 신용 한도를 높일 수 있다. 현재 이용자의 평균 신용 한도는 6천 위안(104만 원) 선이다.

2015년 앤트그룹은 자체적으로 개인 소비자와 중소기업에 대한 신용평가를 보다 체계적으로 하기 위해 중국 최초의 신용평가 대행사 즈마신용을 설립하기에 이른다. 즈마신용은 기존 금융권에서 제대로 신용평가를 하기 힘든, 은행 대출 기록이 없고 신용카드

카카오와 네이버는 어떻게 은행이 되었나

를 사용하지 않는 고객을 대상으로 빅데이터를 활용해 신용평가를 했다. 이들은 고객의 신용을 평가할 때 재무적 데이터 외에 방대한 비재무적 데이터를 함께 활용한다. 예를 들어 카드 수, 카드 상환 내역, 수도세 또는 전기세 지불 내역, 알리페이 계좌 잔고 등 재무적 정보 외에도 학력, 직업, 주요 쇼핑 카테고리, 소비 성향, 알리페이 친구 계정 수, 팔로워 수와 같은 비재무적 정보도 활용하는 것이다. 설령 재

개인 신용평가의 새 장을 연 즈마신용은 개인의 재무 정보 외에 비재무 정보까지 포함해 금융신뢰도를 평가함으로써 리스크 관리에 앞서나가고 있다.

무 정보가 부족하더라도 비재무적 정보를 통해 한 사람의 신뢰도를 간접적으로 평가해 평가의 신뢰 수준을 높였다. 판매자의 경우 알리바바에서 판매한 이력을 실시간으로 분석해 훨씬 더 정교하게 신용을 평가할 수 있다.

즈마신용은 즈마신용 점수가 높은 고객을 대상으로 우산, 자전거, 아파트 등을 빌려줄 때 보증금을 깎아주는 등 다양한 금전적 혜택을 제공한다. 알리페이에서 판매하는 온라인 상호보험 서비스인 상호보의 가입 기준도 즈마신용 점수다. 점수가 일정 수준 미만이면 이 금융 서비스에 가입할 수 없다. 상호보는 P2P 형태의 보험으로 전체 가입자가 기간 동안 질병, 상해가 발생한 사람들에 대해

보상금을 나눠 지급한다. 한 달에 두 번에 걸쳐 보상금 총액과 8% 가량의 관리비를 가입자 수로 나눠 보험금을 책정해 알리페이에 후불제로 비용을 정산하는 형태다. 정산 금액은 2019년 기준 연간 29위안(5천 원) 선으로 저렴하다.[2] 이들은 1억 5천 명 이상의 고객을 유치하며 중국에서 가장 큰 보험 서비스가 됐다.

앤트그룹은 중국의 대형 은행들이 돈을 빌려줄 수 없는 고객층의 신용을 더 정확하게 판단할 수 있게 됨에 따라 웬만한 금융기관을 능가하는 리스크 관리 역량을 갖추게 됐다. 최근 코로나 사태로 전 세계 금융기관들이 채무 불이행으로 곤경에 빠졌을 때, 앤트그룹의 리스크 관리 역량은 더욱 돋보였다. 2020년 상반기 앤트그룹의 소비자 대출에서 30일 연체된 잔액은 전체의 2.97%, 90일 이상은 2.15%였다. 이는 중국의 대형 은행들과 비슷한 수치로 몇몇 은행과 비교했을 때는 훨씬 더 나은 수준이었다.

세계로 나아가는 앤트그룹

—

앤트그룹은 중국의 황량했던 금융 시장을 개척하며 사업을 키워나갔고 이제는 그 넓은 중국 시장을 독식하고 있다. 사실 앤트그룹은 핀테크 유니콘이라 불리기에는 너무 크게 성장했다. 중국에서 가장 큰 결제 서비스, 온라인 투자 서비스, 소비자 신용 대출 서비스, 중소기업 대상 대출 서비스, 보험 서비스 모두 앤트그룹이 보유하고 있다. 설립된 지 20년 남짓 된 쇼핑몰은 어느새 중국의 종합 금융 지주 회사로 탈바꿈했다.

최근 앤트그룹은 전 세계 250곳이 넘는 금융기관과 제휴를 통해 해외 사용자를 위한 결제 서비스를 제공하는 등 글로벌 진출에 주력하는 모습이다. 다만 해외 사업은 자신들이 다른 국가에 직접 진출하는 대신 유사한 사업을 영위하고 있는 스타트업에 지분 투자를 하는 방식으로 진행한다. 대표적으로 인도의 최대 결제 서비스 페이티엠PayTM, 태국의 온라인 쇼핑 기업 어센드Ascend, 말레이시아의 결제 서비스 터치앤고Touch'nGo 등에 투자했다. 한국의 카카오페이에도 2019년 2,200억 원(2억 달러)을 투자한 후, 2020년 6월 추가로 1,152억 원을 수혈해주며 유상증자에 참여했다.

이런 가파른 성장세만큼 이를 견제하려는 움직임도 많다. 2018년 미국 정부는 앤트그룹이 미국의 송금 서비스 머니그램을 인수하려 하자 이를 불허했다. 같은 해 베트남에서는 알리페이를 통한 결제를 전면 금지하기도 했다. 중국 정부조차 알리페이의 결제 처리를 정부가 직접 소유한 결제 시스템을 통해서 하도록 강제했다. 이뿐만 아니라 즈마신용의 데이터를 기반으로 고금리 대출을 하는 기업들이 늘어나자 중국 정부는 즈마신용을 비롯한 신용평가 기업들이 고객의 신용 정보를 다른 기업에 제공하지 못하게 했다. 최근에는 알리페이의 화베이, 제베이 등을 통해 지나치게 많은 대출이 발생하는 것을 막기 위해 대출 현황을 주기적으로 조사하고 있기도 하다. 홍콩과 상하이 증시에 동시 상장하려던 계획 역시 중단됐다. 이는 마윈 전 회장이 상하이에서 열린 한 공식 행사에서 중국 당국의 금융 정책을 비판한 것이 부정적 영향을 끼친 것으로 알려졌다.

이런 각국 정부의 시선 때문인지 앤트그룹은 금융 회사로서의 이미지를 조금씩 지우려 하고 있다. 2020년 6월 앤트파이낸셜에서 앤트그룹으로 사명을 바꿨는데, 이는 금융 회사로서의 느낌을 지우고 기술 기업으로서의 이미지를 강조해 중국의 전통적인 금융 기관들과 경쟁을 줄이면서 규제 당국으로부터 잠재적 견제를 줄이기 위한 노력으로 해석된다. 이뿐만 아니라 기존 중국 금융 회사에 대한 기술 지원 사업도 한창이다. 전통 은행의 디지털 전환을 위해 각종 기술 및 솔루션을 제공하는 비즈니스를 시작했다. 막대한 양의 결제를 처리할 수 있는 데이터베이스 솔루션, 차세대 모바일 뱅킹, 디지털 보험 솔루션 등이 대표적이다. 이미 100개 이상의 솔루션을 토대로 200개 이상의 금융기관을 고객사로 확보하며 전통 금융기관의 디지털화를 돕고 있다.

하지만 여전히 아시아 시장을 중심으로 앤트그룹의 금융 사업은 가파른 성장을 지속할 전망이다. 이들은 향후 10년 이내에 20억 명 이상의 고객을 대상으로 앤트그룹의 금융 서비스를 제공할 것이란 야심 찬 목표를 갖고 있다. 이 수치는 해외 사업에 대한 앤트그룹의 의지를 잘 보여준다. 최근 인터뷰에서 앤트그룹의 글로벌 사업 담당자는 "현재 앤트그룹의 해외 고객은 3억 명가량으로 전체 고객 12억 명에 비해 작은 수준이지만, 이 사용자층이 향후 몇 년간 극적으로 성장해 앤트그룹을 이끌 것이다"라고 말했다.[3]

같지만 다른 은행,
카카오뱅크

인터넷전문은행이 처음 등장할 때 우려의 목소리가 컸다. 이미 기존 은행들이 충분한 IT 기반을 갖춘 만큼 경쟁이 쉽지 않고, 딱히 차별화된 상품을 내놓기 어렵다는 분석이 잇따랐다. 실제로 전 세계 여러 인터넷전문은행은 흑자 전환을 하는 데 상당한 시간이 걸리기도 했다.

카카오뱅크Kakao Bank는 출범 1년 반 만에 세계 최단기간 흑자 달성의 신화를 쓰며 이 모든 우려를 불식시켰다. 카카오뱅크는 모바일 뱅킹 중에서 리딩뱅크의 입지를 굳혔다. 카카오뱅크가 처음 내걸었던 '같지만 다른 은행'이라는 캐치프레이즈처럼 고객은 카카오뱅크를 기존 은행만큼이나 믿을 수 있으면서도 훨씬 더 간편하게 더 많은 혜택을 받으며 사용할 수 있는 은행이라 여긴다. 카

카카오뱅크 앱 아이콘은 뱅크Bank의 'B'에 '나'를 뜻하는 'I'를 넣어 '나만의 은행'이라는 의미를 담았다. 고객에게는 'B'로 인지하게 해 이것이 모바일 뱅킹 앱임을 각인시킨다.

카오뱅크는 세계 3대 글로벌 금융 전문지인 〈유로머니〉에 세계 최대 규모의 인터넷전문은행 중 하나로 소개되면서 전 세계적으로도 주목받고 있다. 특히 중국의 알리바바와 텐센트의 금융 사업과 비교되며 인터넷전문은행의 성공 사례로 꼽힌다.[4]

핵심 기능만 좋으면 99% 고객은 열광한다

한국은 그 어떤 국가와 비교도 되지 않을 만큼 많은 사람들이 금융 서비스를 간편하고 편리하며 익숙하게 사용하고 있는 국가다. 한국 국민들은 1인당 평균 2.7개의 예금 계좌와 3.6개의 신용카드(또는 체크카드)를 소유하고 있다.[5] 선진국조차 은행 계좌나 카드가 없는 국민들이 많아 골머리를 썩지만, 한국에서는 전혀 다른 세상 이야기다. 모바일 뱅킹을 포함한 인터넷 뱅킹 보급률도 99%로 세계

1위다.

　이렇게 금융 서비스가 성숙한 나라에서 카카오뱅크는 후발 주자로서의 불리함을 극복하고 시장의 판도를 완전히 뒤흔들었다. 한국에서는 여러 IT 서비스가 발전하면서 금융 서비스에 대한 고객의 기대 수준이 높아졌지만, 은행들은 이를 따라잡지 못하고 있었다. 공인인증서와 보안카드로 대표되는 불편하고 복잡한 인증 절차와 여러 보안 프로그램이나 앱을 설치해야만 사용할 수 있는 인터넷·모바일 뱅킹, 그리고 무언가 잘못되면 매번 처음부터 거래를 다시 진행하라는 이상한 요청에 고객들은 고개를 내저었다.

　카카오뱅크는 전통 은행을 이용하면서 고객이 느꼈을 이 불편을 당연하게 여기지 않았다. 카카오뱅크를 만든 이용우 전 대표는 자신들의 서비스 출시 과정을 이렇게 회고한다. "우리는 기존 은행들과 다른 DNA를 가진 사람들이다 보니 그들과는 전혀 다른 생각을 하며 은행을 준비했다. 상식적이었던 일들, 원래 그랬던 일들, 당연했던 일들에 의문을 제기하기 시작했고 하루하루 토론과 논쟁의 연속이었다. 그러다 보니 카카오뱅크는 당연함을 거부하는 은행이 될 수밖에 없었다."[6]

　카카오뱅크는 출범 초기부터 카카오를 비롯한 IT 회사 출신의 사람들이 다수 합류해 서비스를 기획하고 개발했다. 메신저, 블로그, 카페 등의 서비스를 만들던 사람들이 보기에는 기존 은행 앱에는 이해할 수 없는 요소가 너무 많았다. 이들은 전통 은행들이 대부분의 IT 업무를 외주에 맡기는 것과 달리 모든 것을 직접 바닥부터 만들어나갔다. 특히 카카오뱅크의 고객 화면은 출시 직전까지 철저히 기밀로 부쳐졌는데, 컨설팅을 진행한 외부 법인에도 공유되지 않았다고 한다.[7]

2017년 7월 27일, 드디어 발표된 카카오뱅크는 기존 은행과 상당히 달랐다. 무엇보다 계좌 개설하는 데 5분이 채 걸리지 않았다. 사용 중인 카카오톡 계정과 연계하면 회원가입이 끝나고 휴대폰 인증과 신분증 촬영만 하면 계좌가 개설됐다. 심지어 공인인증서 등록 없이 지문이나 패턴만 등록하면 모든 사용 준비가 끝났다. 계좌 개설을 마치면 신청할 수 있는 귀여운 카카오프렌즈 체크카드는 덤이었다. 모든 절차가 끝나고 보이는 모바일 뱅킹 첫 화면도 간단했다. 사용자의 눈에는 화면마다 최소한의 텍스트만 보였고, 계좌 개설 각 단계에서 사용자가 눌러야 할 버튼은 노란색으로 처리돼 직관적으로 곧장 터치할 수 있게 표현됐다. 반드시 필요한 메뉴를 제외하고는 메인에 노출되는 정보도 없었다. 오로지 사용자가 모바일 뱅킹을 사용하는 가장 빈번한 목적인 계좌 조회만 별도 터치 없이 즉시 가능하게 메인 화면에 계좌 번호와 잔액을 크게 노출시켰다. 금융 상품에 관한 그 흔한 광고 하나 없었다.

여기까지만 봐도 카카오뱅크는 기존 은행과 큰 차이를 보인다. 그런데 심지어 카카오뱅크는 인터넷 뱅킹과 공인인증서도 없앴다. 기존 은행은 기업 뱅킹을 이용하기 위해서는 인터넷 뱅킹이 필요했고, 개인 뱅킹도 모바일 뱅킹을 이용하려면 최소한 인터넷 뱅킹을 이용해 공인인증서를 PC에서 스마트폰으로 옮겨야 하는 절차가 필요했다. 하지만 카카오뱅크는 개인 고객에 집중했다. 이미 대다수의 기존 은행 고객이 인터넷 뱅킹보다 모바일 뱅킹을 더 편하게 생각하는 상황에서 굳이 개발 인력의 시간을 쏟아가며 인터넷 뱅킹을 만들 이유가 없었다. 공인인증서도 보안에 자신 있고, 만약 피해가 발생할 경우 자신들이 책임지고 보상하겠다는 마음으로 없앴다.

카카오뱅크는 다른 은행들의 모바일 뱅킹보다 더 많은 기능을 가지고 있지 않다. 오히려 꼭 필요한 조회, 이체, 상품 가입 기능만 남기고 나머지는 다 없앴다. 대신 소수의 기능을 극도로 간편하게 하는 데 집중했다. 어차피 절대다수의 고객은 카카오뱅크의 핵심 기능만 사용할 터였다. 고객들의 반응은 가히 폭발적이었다. 출시되자마자 여러 커뮤니티와 언론사에 '왜 지금껏 다른 은행들은 이렇게 하지 못했나'라는 글이 시시각각 올라왔다.

금리 혜택을 압도하는 디테일의 힘
—

카카오뱅크는 다른 은행과 비교해서 금리가 더 좋은 것도 아니다. 인터넷전문은행 케이뱅크와 비교해도 예·적금은 0.5%p가량 이율이 낮고, 신용 대출은 최저 이율 기준으로 0.3~0.5%p가량 높다. 이들의 신용 대출 평균 금리는 2.81%로 시중 은행인 신한은행(2.38%)보다 0.43%p 높다. 이에 카카오뱅크가 지나치게 예대마진을 챙기고 있다는 지적도 나온다.

그러나 이런 비판이 무색할 정도로 카카오뱅크는 많은 고객을 모으고 있다. 그들은 오로지 간결함으로 차별화한다. 카카오뱅크도 다른 은행들처럼 월급이나 관리비를 이체하면 얼마의 이율을 제공하는 우대금리 혜택을 줄 수 있고, 여러 복잡한 조건을 걸어 수익성을 높일 수도 있다. 하지만 그들은 이를 모두 없애는 길을 택했다. 금융 상품에 여러 설명을 붙이는 순간 고객은 복잡해한다는 게 그들의 생각이다. 대신 고객이 쉽게 이해하고 가입할 수 있는 편리함을 제공하는 데 집중했다.

카카오뱅크의 앱을 뜯어보면 고객을 위해 얼마나 고민했는지 알 수 있다. 모바일 뱅킹 앱을 이용할 때 의도와 다른 버튼을 누르거나 앱을 종료해버리는 등 고객은 생각보다 많은 실수를 저지른다. 특히 오래된 스마트폰에서는 성능 문제로 앱이 강제 종료되기도 한다. 대부분의 은행에서는 이렇게 되면 처음부터 모든 과정을 다시 진행해야 하는데, 카카오뱅크는 '이어서 하기' 기능을 통해 각 과정에서 고객의 진행 상황을 저장하며 고객의 불편을 최소화했다. 앱이 종료됐어도 이미 진행한 과정은 뛰어넘고 다음 프로세스를 이어가면 된다.

또한 고객의 서비스 이용 예상 경로를 분석해 고객이 터치(선택)해야 하는 일을 상당수 없앴다. 카카오뱅크가 처음 출시될 당시만 해도 대부분의 은행에서 모바일로 입출금통장을 만들려면 우선 은행에 가입한 후, 금융 상품 목록에서 입출금 상품을 찾고, 그다음부터 해당 상품에 가입하기 위한 절차를 시작했다. 그러나 카카오뱅크는 카카오톡 연동을 통해 한두 번의 터치만으로 은행에 가입할 수 있게 하고, 곧장 '계좌 개설하기' 버튼을 노출시켰다. 가입 과정에서도 휴대폰 인증, 다른 은행 계좌 인증 등 반드시 필요한 경우를 제외하고는 고객이 입력해야 하는 부분을 과감히 줄였다.

상품 설명은 모바일에 최적화해 다시 만들었다. 아직도 일부 은행의 모바일 뱅킹에서는 영업점에서 배부하는 상품설명서를 PDF 파일로 보여주거나 형식적인 표나 텍스트를 무작정 길게 나열한다. 문제는 이런 긴 상품설명서를 누구도 제대로 읽지 않는다는 것이다. 카카오뱅크는 고객이 주목하는 요소에 맞춰 화면을 설계했다. 상품 설명 중 핵심 내용만 강조하되 그래픽 요소를 결부해 고객이 별생각 없이 스와이핑하면서 볼 수 있게 만들었다.

이외에 여타 기술적 우위도 상당하다. 카카오뱅크가 출범한 지만 3년 이상 지났음에도 앱 구동 속도를 측정해보면 여전히 카카오뱅크가 가장 앞선다. 기존 은행들이 이를 개선하기 위해 상당한 노력을 진행했음에도 카카오뱅크의 속도를 이기지 못한 것이다. 사실 이뿐만 아니라 일일이 나열하기 힘들 정도로 카카오뱅크는 여타의 모바일 뱅킹 서비스보다 모든 코드 수준에서 우위에 있다.

이런 금융 상품은 처음이야

—

카카오뱅크가 기존과 다른 관점으로 접근한 것은 사용 편의성에만 있지 않다. 이들은 금융 상품에도 상당한 변화를 일으켰다. 많은 금융사는 비슷한 이름이나 조건의 금융 상품을 조금씩 다르게 구성해 제공한다. 때문에 예금 통장을 하나 만들려 해도 수십 개의 상품을 일일이 확인해 살펴봐야 한다. 카카오뱅크는 입출금통장, 신용 대출과 같이 기본적인 금융 상품은 표준화하고, 그 수를 늘리지 않았다. 대신 기존 은행에서는 찾아볼 수 없었던 새로운 콘셉트의 상품들을 내놓았다.

가장 대표적으로 세이프박스가 있다. 세이프박스는 카카오뱅크의 입출금통장에서 당장 쓸 돈과 보관할 돈을 분리해 최대 500만 원까지 하루만 맡겨도 연 1.2%의 금리를 제공하는 상품이다.* 쉽게 말해 입출금통장 안에 계좌를 하나 더 만들어 얼마 정도의 금액을 설정해두면 이에 대해서는 매일 이자를 더 주는 상품이다. 사용자는 굳이 여러 통장을 만들 필요 없이 여윳돈이 생기면 이를 입출금통장 안에서 분리해 관리하면 된다.

모임통장은 출시 1년 만에 500만 명의 고객을 확보한 카카오뱅크의 히트 상품이다. 이는 모임 대표자가 통장을 만들면 모임의 모든 구성원이 통장의 거래 내역을 실시간으로 확인하고, 필요한 경

• 2020년 6월부터는 금리가 0.5%로 하향 조정되었다. 다만 입금 한도는 1천만 원으로 상향 조정된 상태다.

카카오와 네이버는 어떻게 은행이 되었나

왜 이런 금융은 없었던 걸까? 모임통장, 26주 적금 등 예전에는 없던 가벼운 금융 상품에 소비자들은 반색했다.

우 대표자가 구성원들에게 회비 납입을 요청할 수 있게 한 상품이다. 기존 모임통장은 회칙과 회원 명단을 은행에 제출해야 했고, 이렇게 만든 통장도 계좌 내역을 구성원들이 함께 볼 수 없어 불편했는데, 카카오뱅크는 이 문제를 해결했다. 친구들과의 여행 경비 관리, 동아리의 회비 관리, 신혼부부의 생활비 통장 등으로 널리 쓰이고 있다.

　26주 적금도 출시 4개월 만에 50만 계좌, 수신 잔액 1천억 원을 달성한 인기 상품이다. 이 상품은 초기 입금 금액을 설정한 후, 매주 여기서 증액되는 금액을 납입하는 적금이다. 예를 들어 첫 주에 1천 원을 납입액으로 선택하면 다음 주에는 2천 원, 셋째 주에는 3천 원을 입금하고, 마지막 주인 26주 차에는 2만 6천 원을 납입하는 식이다. 매주 적금을 제대로 납입하면 카카오뱅크는 모바일 통장에 귀여운 카카오톡 캐릭터 도장을 찍어준다. 이는 젊은 층을 대상으로 적금 넣는 재미를 주 단위로 느끼게 하면서도 6개월이라는 짧은 기간 안에 만기의 성취감을 느끼게 해준다. 또한 카카오뱅크는 2020년 8월에 대형 유통 업체 이마트와 협력해 26주 적금에 가입한 고객에게 이마트 할인 쿠폰과 캐시백 혜택을 주기도 했다. 낮은 기준 금리로 높은 이자 혜택을 줄 수 없는 상황에서 카카오뱅크는 이마트 할인 혜택을 추가로 제시한 것이다. 이외에도 추첨을 통해 카카오프렌즈 장바구니를 주는 이벤트로 2주일간 약 56만 명의 고객을 모았다.

카카오뱅크는 금융 상품뿐만 아니라 수수료 부분에서도 기존 은행들과 다른 선택을 했다. 편의점을 포함해 모든 ATM의 인출 수수료와 대출금 중도상환 수수료를 없앤 것이다. 현재 카카오뱅크는 대출 상품의 중도상환 수수료를 받지 않는 유일한 은행이다. 나머지 은행들이 대출을 조기 상환할 경우 상품별로 최대 2% 수준의 수수료를 받는 것과는 대조되는 모습이다. 급전이 필요해서 일단 돈을 빌렸지만, 곧 상환할 수 있으리라 예상하는 사람이라면 카카오뱅크를 선택하는 것이 더 현명하다.

다만 이들이 당초 설립 목적이었던 '대출 문턱을 낮추겠다'라는 취지와는 달리 고신용자 위주로 보수적인 영업을 하고 있는 것은 극복 과제로 꼽힌다. 원래 카카오뱅크는 카카오의 빅데이터를 활용해서 새로운 신용평가 시스템을 도입해 기존 1금융권에서 대출받기 힘든 고객들을 중심으로 중금리 대출 시장을 개척하겠다고 했다. 그러나 현재 카카오뱅크는 6등급 미만의 대출 신청자에 대해서는 아예 신용 대출을 집행하지 않는다. 중금리 대출 역시 2019년 기준 부도 리스크가 적은 정책 상품이 전체의 93%를 차지하고, 자체 중금리 대출 상품의 비중은 7%밖에 되지 않는다.

최단기간 흑자 달성, 세계로부터 주목받다
—

카카오뱅크는 2017년 7월 27일 출시 후, 2019년 1분기에 흑자 전환에 성공했다. 약 1년 반 만에 이룬 성과다. 회계 기준 차이로 정확히 비교하긴 어렵지만, 유사 기록으로는 일본 다이와넥스트 은행(다이와증권 계열사), 중국 마이뱅크(알리바바 계열사)와 위뱅크(텐센트 계열사) 세 곳이 있다. 인터넷전문은행의 흑자 전환에 통상 5년 이상의 시간이 소요되는 것을 고려하면 엄청난 기록이다.

영국의 〈파이낸셜타임스〉는 세계적인 은행들이 한국 지점 운영을 중단하고 있는 가운데 카카오뱅크는 수백만 명의 신규 고객을 확보하고 있다며 놀라워했다.[8] 씨티그룹이나 스탠다드차타드, HSBC와 같은 글로벌 금융 회사가 한국에서 규모를 현격히 축소하거나 아예 소비자 금융 사업을 접고 있는데 카카오뱅크만큼은 괄목할 속도로 성장하고 있다는 것이다. 특히 카카오뱅크 출시 한 달 뒤인 2017년 8월, 한국 전체 소비자 신용 대출 중 40%가 카카오뱅크에서 발생했다는 사실을 알리며 향후 카카오뱅크의 파괴적인 성장을 기대하기도 했다.

현재 카카오뱅크는 상장 준비에 주력하는 모습이다. 카카오 계열사인 카카오게임즈가 상장 과정에서 좋은 결과를 얻으면서 카카오뱅크의 상장 또한 많은 이들의 주목을 받고 있다. 이들은 관련 전문 인력을 영입하며 2020년 하반기부터 본격적인 준비에 나섰다. 이미 장외시장에서는 카카오뱅크가 4대 금융지주의 시가총액을 합친 것보다 더 높은 기업가치를 인정받고 있다. 또한 카카오뱅크는 여러 금융사와 제휴를 맺으면서도 자체적으로 디지털금융그룹으로 성장하기 위한 준비도 하고 있다. 계열사인 카카오페이증권과의 협업 가능성 역시 점쳐진다.

나아가 해외 진출 가능성도 있다. 과거 카카오뱅크는 동남아시아 시장 진출에 대한 의지를 여러 차례 피력했다. 한국에서의 성장이 어느 정도 안정기에 접어들면 카카오와 유사한 IT 인프라를 갖춘 해외 파트너들과 제휴해 각국에서 은행 사업을 추진할 것으로 보인다.

동남아시아 금융 시장의 설계자,
그랩

동남아시아는 2025년까지 세계적으로 가장 빠르게 성장할 지역으로 주목받고 있다. 금융 서비스 산업도 상당한 성장 잠재력이 있다. 특히 디지털 결제는 2025년까지 1,187조 원(1조 달러) 규모를 넘어서고, 대출, 투자, 보험 등 다른 디지털 기반의 금융 서비스 역시 매년 20% 이상 성장할 것으로 예상된다.[9] 이렇게 전 세계가 주목하는 동남아시아의 금융 시장은 과연 누가 주도하게 될까?

최근 동남아시아에서 주목받고 있는 기업이 있다. 바로 그랩 Grab이다. 그랩은 동남아시아 최대의 승차 공유 서비스로 우버, 카카오모빌리디와 유사하게 스마트폰으로 차량을 불러 이용하는 회사다. 현재 330개 이상의 도시에서 1억 8천만 명 이상의 사용자에게 서비스를 제공하고 있다. 그런데 이들이 동남아시아 사람들에게 생애 최초의 금융 서비스를 선보이며 결제부터 보험, 대출에 이르기까지 금융 시장에서 영향력을 넓혀가고 있다.

우버를 삼키다
—

그랩은 2012년 말레이시아 출신 하버드 MBA 학생 두 명이 함께 설립한 스타트업이다. 이들은 하버드 재학 시절, 기업이 이윤을 내면서 어떻게 사회적으로 공헌할 수 있는지를 가르치는 수업에서 처음 만났다. 이때 승차 공유 서비스에 대한 아이디어를 떠올렸는데, 이것이 캠퍼스 내 창업 대회에서 2등을 하면서 본격적으로 사업에 대한 꿈을 품기 시작한다. 그들은 가장 먼저 말레이시아의 택시 서비스가 개선이 필요하다고 생각했다. 당시 말레이시아에서는 대다수 택시 기사가 미터기를 사용하지 않는 데다 폭행 사건도 종종 발생해 여자 승객은 혼자 택시 타는 것을 꺼렸다. 조금이라도 외진 지역에서는 택시가 잘 잡히지 않았고, 택시 기사들도 손님 잡기를 어려워했다. 외국인 승객이 바가지를 뒤집어쓰는 것은 다반사였다.

그랩 택시Grab Taxi는 승객의 위치를 파악해 주변의 택시 기사에 빠르게 연결해줄 뿐만 아니라 예약할 때 거리와 요금을 미리 제시해 바가지요금 걱정을 덜어줬다. 이들은 우선 택시 앱을 만들고, 이를 알리기 시작했다. 그랩은 말레이시아의 주요 지역에서 직접 택시 기사들을 만나면서 서비스를 알렸다. 스마트폰이 없는 기사에게는 기기 제조사, 통신사와 협업해 스마트폰 구매 비용을 보조받을 수 있게 했다. 처음에는 택시 기사들이 낯선 앱을 사용한다는 것에 기부감을 느꼈지만, 손님을 쉽게 찾을 수 있다는 입소문이 나며 조금씩 사용자가 증가했다.

그랩은 이 서비스를 지리적, 문화적으로 유사한 동남아시아 시장 전역에 확대해 시장을 넓힐 수 있을 거라 생각했다. 2013년에 필리핀, 싱가포르, 태국, 2014년에는 베트남, 인도네시아 등의 국가에 진출하며 사업 확장을 꾀했다. 이를 위해 그랩의 CEO 앤서니 탄Anthony Tan은 2014년 그랩 본사를 싱가포르로 옮기고, 2016년에는 자신도 싱가포르 국적을 취득한다. 싱가포르는 말레이시아와 비교할 수 없을 정도로 큰 규모의 투자 생태계가 조성되어 있는 나라로 여러 유니콘 기업이 탄생하고 있는 곳이다. 탄은 이곳에서 지속적으로 투자받으며 성장할 수 있을 거라 판단했다.

그런데 세계 최대 승차 공유 업체인 우버가 등장한다. 우버는 2013년 싱가포르에서 프리미엄 택시 호출 앱을 출시한 것을 시작으로, 2014년 그랩의 본거지인 말레이시아에도 서비스를 출시한다. 우버는 프리미엄 고객층을 중심으로 조금씩 사업을 넓혀갔는데, 그들이 싱가포르에서 사업을 시작한 것 역시 싱가포르에 거점을 두고 주변 동남아시아 국가에 출장을 다니는 고객들이 많다는 것에 착안한 것이다. 세계 곳곳에 네트워크를 가진 그들의 전략다웠다.

이에 맞서는 그랩의 전략은 철저한 현지화였다. 우버가 70여 개국에 서비스되고 있는 것은 이점일 수 있지만, 그만큼 그들은 동남아시아 시장에 집중할 수 없으리라 판단했다. 그래서 우버가 동남아시아 시장에서 놓치고 있는 부분을 집중 공략하기로 한다. 가장 큰 차이는 현금 결제를 지원하는 것이었다. 우버는 다른 국가에서와 마찬가지로 고객이 카드를 결제 수단으로 등록해야 한다. 그러나 동남아시아는 아직 금융 서비스가 일반화되지 못해 고객이 카드를 소유한 경우가 거의 없었다. 이를 파악한 그랩은 특정 결제 수단을 강제하는 대신 고객이 평소처럼 현금으로 차량을 이용하게 했다. 그랩으로 차량을 호출하고, 지불은 기사에게 바로 현금으로 하게 한 것이다.

또한 오토바이 공유 서비스 그랩 바이크^{Grab Bike}와 차량 공유 서비스 그랩 카^{Grab Car}를 도입했다. 동남아시아에서는 교통 체증 없이 더 저렴하게 이동하기 위해 차보다는 오토바이를 이용하는 사람이 많다. 그랩은 이들을 고객으로 확보하기 위해 택시뿐만 아니라 우버의 차량 공유 서비스와 유사하게 개인이 자기 오토바이나 차로 손님을 받을 수 있게 하는 서비스를 출시해 경쟁력을 높였다. 다만 기사들에게 부과하는 수수료는 낮게 유지했다.

더불어 각국 정부와 마찰을 빚는 우버와 달리 정부와 협력하며 법규와 제도를 최대한 따랐다. 그러면서도 우버가 새로운 기능을 출시하면 이들도 이를 즉각 반영해 고객에게 이탈할 여지를 주지 않았다. 예를 들어 기사들이 휴대폰 번호가 노출되는 것을 꺼리자

카카오와 네이버는 어떻게 은행이 되었나

우버는 가상 전화번호를 도입했는데, 그랩도 이를 2주 만에 구현해 서비스를 업데이트했다.

그랩의 승리는 명확했다. 우버는 기사들에게 보조금을 지급하고, 승객들에게 수시로 할인 쿠폰을 제공하며 마지막까지 필사적으로 버텼지만, 결국 2018년 3월 백기를 들었다. 우버는 동남아시아 사업 부문을 그랩에 넘기는 대신 그랩의 지분 27.5%를 받았다.

척박한 금융 시장을 개척하다

우버가 동남아시아 사업을 접는다는 소식이 알려지고 며칠 뒤, 그랩의 CEO 앤서니 탄은 한 미국 언론사의 인터뷰에 응했다. 그는 우버에 준 지분이 과한 수준이라 말하며, 그럼에도 이런 결정을 한 것은 "지분 몇 퍼센트를 줄지 소수점 단위를 협상하는 데 시간을 낭비하지 않고, 빠르게 금융 사업으로 넘어가기 위함이다"라고 말했다. 그랩이 우버를 넘어 금융업의 강자들과 경쟁할 것을 선포한 순간이었다.

사실 그랩은 이미 2016년에 모바일 결제 서비스 그랩페이Grab Pay를 출시하고, 이를 그랩의 차량 호출 서비스에 연계하며 금융 서비스에 착수한 상태였다. 동남아시아에는 여전히 현금을 이용하는 사람이 많고, 6억 2천만 인구 중 은행 계좌나 카드를 가지고 있는 사람은 극히 드물었다. 은행 계좌를 가지고 있는 인구는 전체의

그랩은 택시에서 시작해 금융과 유통까지 영역을 확장하고 있다. 은행 계좌나 신용카드가 없는 대부분의 동남아시아 사람들은 이제 그랩페이로 거의 모든 것을 결제할 수 있게 됐다.

27%, 카드를 가진 인구는 고작 9%밖에 되지 않았다.[10] 온라인 쇼핑조차 결제 수단이 없어 물건이 배송되면 택배 기사에게 현금을 전달하곤 했다. 신용평가 역시 대부분의 동남아시아 국가에서 국민의 절반도 채 커버하지 못했다. 이런 상황에서 그랩은 고객이 일상적으로 사용하는 차량 호출 서비스가 금융업으로 나아가는 데 활용될 수 있다고 본 것이다.

그랩은 고객에게 은행 계좌나 카드와 연동하지 않아도 되는 결제 서비스를 제공하기 위해 그랩페이에 현금을 충전할 수 있는 크레딧GrabPay Credits 기능을 선보인다. 고객은 은행뿐 아니라 ATM, 상점, 혹은 그랩의 운전기사를 통해 돈을 충전할 수 있다. 이렇게 충전한 돈을 그랩의 차량 호출 외에도 식당이나 상점 등에서 자유롭게 사용할 수 있도록 제휴처를 모았다. 그랩페이는 출시 후 매달 두 자릿수의 성장세를 이루며 빠르게 사용자를 늘려나갔다. 이후 마스터카드와 협업해 선불카드를 발행했는데, 그랩 앱을 통해 실물 카드나 모바일 카드를 간단하게 발급받을 수 있게 했다. 이를 통해 그랩은 마스터카드가 갖고 있는 300만 개의 가맹점 네트워크를 단시간에 확보하고, 신용카드가 없던 동남아시아 고객을 대상으로 세계 어디서든 사용할 수 있는 신용카드를 보급했다.

그리고 기존 금융 회사들과 협력해 그랩 운전기사와 배달 기사를 대상으로 맞춤형 보험과 대출 상품을 출시했다. 그랩에는 그랩으로 돈을 버는 여러 운전기사의 수입 데이터와 운전 방식, 그리고 이들에 대한 고객 만족도 평가 등 수많은 관련 데이터가 있다. 때문에 이들이 고객의 호출을 얼마나 받고, 돈을 얼마나 벌고 있는지 쉽게 판단할 수 있고, 사고는 얼마나 자주 발생하는지, 주행 속도는 적정한지와 같은 세세한 정보까지 알 수 있다. 그랩은 이를 적극적으로 활용해 보험 상품을 개발한다. 하지만 동남아시아는 오토바이 운전자의 보험 가입이 의무화되어 있지 않은 지역이 많아 보험을 낯설어하는 운전자가 많았다. 이에 그랩은 보험에 가입하면 운전자가 아프거나 입원해도 일평균 수입의 최대 85%까지 지급하고, 사고가 나면 본인뿐 아니라 승객에 대한 보상금, 차량 수리 비용까지 지급한다는 점을 강조해 상품을 알렸다. 또한 매일매일 일하지 않는 운전기사의 특성에 맞춰 일 단위 보험도 선보였다. 운전을 시작하기 전에 약 380원(1.36 링깃)을 그랩 앱에서 결제해 하루 동안 적용되는 보험에 즉시 가입할 수 있게 한 것이다. 일한 날만 돈을 내니 큰 부담 없는 서비스로 많은 고객을 끌어모을 수 있었

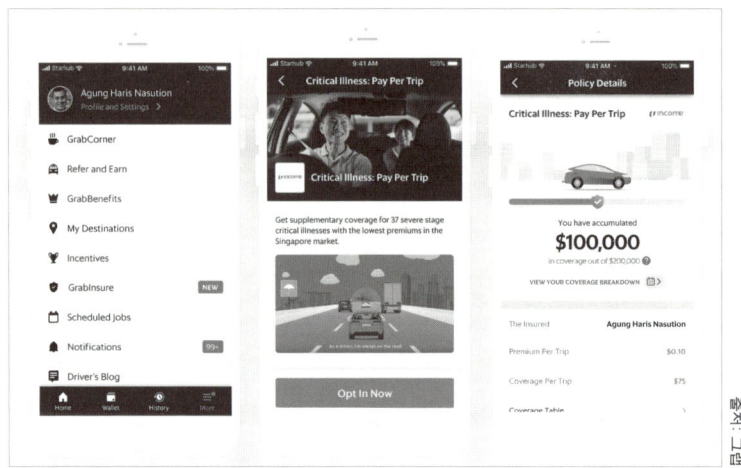

출처: 그랩

그랩의 운전기사 대상 보험은 운행하는 날만 일 단위로 계산해 보험료를 지불하면 된다. 아직 보험 개념에 익숙하지 않고, 비싼 보험료를 부담스러워하는 운전기사들을 고려한 서비스다.

다. 한 번에 큰돈을 내는 게 어려웠던 많은 운전자가 이 보험에 가입했다.

　그랩은 운전기사를 대상으로 한 대출 서비스도 출시한다. 운전기사들은 오토바이 등 차량이나 스마트폰을 구입하기 위해, 혹은 당장의 생활비를 마련하기 위해 그랩의 대출 상품을 이용했다. 이후 음식 배달 서비스인 그랩푸드Grab Food를 출시하면서 그랩페이를 채택하는 상인이 60만 명을 넘어서며 사업이 가파른 성장세를 보이자 처음 가게를 열거나 몇 달간 급전이 필요한 소상공인에게도 돈을 빌려주기 시작했다. 이 과정에서 그랩은 기존에 신용평가를 할 수 없었던 고객에 대한 리스크 관리 역량도 점차 갖춰갔다.

이 밖에도 건강 보험, 개인 신용 대출, 할부 금융 서비스, 후불 결제 서비스, 자산 관리 서비스 등을 출시하며 금융 상품 라인업을 넓혀가고 있다. 그랩은 2019년 핀테크 사업 부문을 자회사 그랩파이낸셜로 분사하며 변화를 가속화할 것을 밝혔다.

동남아시아의 거대 은행이 되나
—

그랩은 70만 명 이상의 운전기사들을 통해 하루에 4,600만 명 이상의 사람들에게 차량 호출 서비스를 제공하는 동남아시아의 독보적인 모빌리티 기업이다. 게다가 차량 호출 서비스 결제에서 그랩페이 비중이 77%를 넘으면서 금융 서비스 부문 또한 빠르게 성장하고 있다.[11] 2019년 말 그랩페이는 싱가포르와 말레이시아에서 가장 많은 고객을 보유한 전자지갑 서비스가 됐고, 인도네시아에서는 두 번째로 많은 고객을 보유하고 있다. 현재 그랩은 동남아시아의 척박한 금융 시장을 조금씩 개척해가고 있다.

최근에는 인도네시아를 중심으로 동남아시아 5개 국가에서 차량 공유 사업을 제공하는 고젝Gojek과의 합병도 진행 중이라고 한다. 고젝은 동남아시아에서 가장 많은 인구수를 자랑하는 인도네시아에서 승차 공유 서비스 업계 1위를 차지하고 있으며 고페이Go-pay와 같은 금융 서비스를 제공하는 등 사업 포트폴리오가 그랩과 유사한 점이 많은 기업이다. 다만 최근 들어 그랩과 고젝의 경쟁이 심해지면서 출혈 경쟁이 이어지고 있는 상태다. 두 기업은 이를 부인하고 있지만, 대표 간에 합병 논의가 오가고 있다는 보도가 여러 경로를 통해 나오고 있다.[12] 만약 그랩과 고젝이 재무적 문제와 반독점법의 허들을 넘고 합병하게 될 경우, 이들은 사실상 동남아시아 시장을 완전히 독식하며 거대 IT 플랫폼 기업으로 성장할 것으로 보인다. 두 회사의 수익성 향상에도 상당한 도움이 될 것이다.

나아가 그랩은 싱가포르 최대 통신사인 싱가포르텔레콤 싱텔Singtel과 공동으로 싱가포르의 디지털 은행 라이선스를 신청했다. 싱가포르 정부는 총 5개의 은행을 신규로 선정할 예정인 가운데, 현재 그랩의 컨소시엄은 앤트그룹과 현지 게임 업체 레이저Razor 등과 최종 14개 후보 기업이 되어 마지막 경쟁을 펼치고 있다. 만약 그랩이 은행업 인가를 받게 될 경우 금융 서비스에서 고객 기반을 빠르게 확장하는 데 탄력을 받게 될 뿐 아니라 대출이나 자산 운용 등에서도 상당한 규모로 사업을 확장할 것으로 보인다.

동남아시아의 기존 은행들은 여전히 선진국의 소매 금융Retail Bank으로 성장하지 못했다. 대부분의 은행이 부유 고객층과 대기업에 집중하고 있는 상태다. 이런 상황에서 디지털 은행이 도입되면 동남아시아 국민들의 금융 서비스에 대한 접근성은 현격히 높아질 것이다. 일일이 오프라인 은행을 방문하는 것이 아니라 모바일 앱을 통해 바로 금융 상품을 사는 것이 일반화되는 것이다. 이 경우 한국을 비롯한 여러 선진국과 다르게 오프라인 은행의 과도기적 단계 없이 바로 디지털 뱅킹 시대로 전환될 가능성이 크다. 핀테크

카카오와 네이버는 어떻게 은행이 되었나

기업인 그랩이 기존 은행들보다 더 경쟁력을 가질 수 있는 부분이다. 이미 그랩은 2020년 기준 약 16조 6천억 원(140억 달러)의 기업 가치를 인정받았다. 이는 동남아시아 금융 회사들과 비교해도 열 손가락 안에 들어가는 수준이다.

신흥 시장을 선점하려는 스타트업들

그랩과 같이 신흥 시장을 얻기 위한 경쟁은 전 세계적으로 치열하다. 라틴 아메리카나 아프리카 등에 거액의 투자를 유치하며 각 지역 금융 시장의 문제를 해결하려는 핀테크 기업들의 혁신이 이어지고 있다.

브라질의 인터넷전문은행 누뱅크NuBank는 라틴 아메리카 시장을 개척하고 있다. 라틴 아메리카도 인구의 절반 이상이 은행 계좌가 없고, 제대로 된 신용평가가 마련되어 있지 않다. 그중에서 브라질은 5개의 은행이 소비자 대출 시장의 82%가량을 장악하고 있는데, 수수료는 경악할 수준이다. 대출 평균 금리가 연 15~25% 정도다.[13] 특히 신용카드 사용 금액을 연체할 경우 통상 250~300%가량의 이자를 지불해야 한다. 연간 630% 수준의 이자를 지불하는 사례도 보고된다.[14] 브라질 국민들은 돈이 필요하지만, 돈을 빌릴 곳이 없다.

이에 누뱅크는 2014년 별도 수수료 없이 스마트폰 앱을 통해 카드를 발급하고, 가맹점에게 1% 수준의 결제 수수료만 받는 서비스를 시작했다. 이러한 파격적인 서비스로 누뱅크 카드는 브라질에서 발행된 전체 신규 카드의 50%를 차지하며 빠르게 확산됐다. 이후 2018년 은행업 허가를 받아 계좌 개설을 지원하고, 2019년에는 개인 신용 대출 상품을 출시했다. 이들의 이자율은 다른 금융사 대비 절반가량 낮았는데,[15] 리스크를 줄이기 위해 처음에는 10달러 정도의 한도만 제공하다가 고객이 문제없이 상환하면 차츰 한도를 늘려줬다. 누뱅크는 현재 2천만 명이 넘는 고객을 확보하고 있다.

콜롬비아에서는 라스트마일 배송 서비스● 라피Rappi가 관심을 끌고 있다. 우버이츠와 유사한 이 서비스는 식품이나 일반 상품, 의약품 등을 주문하면 집까지 배달해주는 서비스로 2015년 설립 후 콜롬비아, 브라질, 멕시코, 아르헨티나 등 라틴 아메리카 전역에 진출했다. 2018년부터 결제 서비스 라피페이Rappi Pay를 통해 돈을 지불하거나 송금할 수 있게 하는 기능도 제공하고 있다. 특히 2019년에 여러 카드 회사와 연계해 카드를 발급하면서 가맹점을 많이 늘렸다.[16] 향후 이들은 그랩과 같이 금융 서비스를 확대해갈 것으로 예상된다.

아프리카는 10억 명 이상의 인구가 있는 큰 시장이지만, 금융 시장은 완전 초기 단계다. 오로지 성장 잠재력만 보고 투자가 이어

● 라스트마일 배송 서비스: '라이더 물류'라 불리며 물품을 고객에게 전달하기 위한 마지막 구간의 배송 서비스다.

지고 있는데, 특히 가장 많은 인구를 가진 나이지리아가 선도적인 위치에 있다. 현재 아프리카에서 결제 망을 운영하는 기업인 인터스위치Interswitch는 유니콘 만열에 올랐다. 이들은 나이지리아의 주요 은행과 연계한 결제 망 제공을 기반으로 아프리카 최대 규모인 1,900만 개 이상의 직불카드와 함께 결제 서비스를 제공하고 있다. 이뿐만 아니라 1만 개 이상의 ATM도 운영하고 있다. 2019년 11월 비자의 투자를 유치하며 1조 1,800억 원(10억 달러)의 기업가치를 인정받았다.

나이지리아의 스타트업 페이스택Paystack도 주목할 만하다. 이들은 온라인 상점이 코드 몇 줄만 입력하면 결제 기능을 만들 수 있도록 서비스하고 있다. 이 서비스를 이용하는 온라인 상점에서 고객은 은행 계좌나 카드, 그리고 모바일 머니 서비스로 결제할 수 있다. 미국에서 이와 유사한 사업을 하는 스트라이프Stripe도 페이스택에 투자했다. 현재 이들은 6만 개의 가맹점을 확보하며 가파른 성장을 이어가고 있다.[17]

학자금 대출에서 시작한 P2P 스타,
소파이

사회가 발전하면서 교육의 가치는 점차 올라가고 있다. 대학 졸업장 없이는 소위 말하는 '괜찮은 직장'에 다니기 어렵다. 통상 대학 졸업자는 고등학교만 졸업한 사람보다 80% 이상 수입이 더 높다.[18] 이에 대학 등록금도 나날이 증가하고 있는데, 미국에서는 최근 20년간 소비자 물가 지수는 54%가량 상승한 가운데, 사립 대학 수업료는 154%, 국립 대학은 221% 증가했다.[19] 많은 학생이 빚에 허덕이면서 공부하고 있는 것이다.

더 큰 문제는 학비를 구하기 힘들다는 점이다. 미국 밀레니얼 세대는 그 어떤 세대보다 금전 문제로 인한 스트레스가 심하다. 최근 미국인의 학자금 대출 잔액은 사상 최고치를 기록했다. 밀레니얼 세대 중 40%가량은 학자금 대출이 있고, 평균 대출 잔액은 약

카카오와 네이버는 어떻게 은행이 되었나

4천만 원(3만 4천 달러)으로 지난 10년간 62% 증가했다.[20]

소파이SoFi는 비싼 등록금 문제를 해결하고, 학생들이 사회에 잘 진출할 수 있도록 돕겠다는 목표를 가지고 시작한 스타트업이다. 이들은 P2P 대출이라 불리는 개인 간 대출 중개 서비스를 제공한다. 2020년 기준 소파이는 2조 2,600억 원(19억 달러)의 누적 투자를 기록하며 5조 2,300억 원(44억 달러)의 기업가치를 인정받았다.

될성부른 떡잎에 돈 빌려줍니다

—

소파이는 스탠퍼드 MBA에서 창업 수업을 함께 듣던 네 명의 학생이 설립한 스타트업이다. 교내 창업 인큐베이션 프로그램에 함께 참여하면서 만난 그들은 당시 스탠퍼드 MBA 학생들의 60% 이상이 학자금 대출을 받았다는 사실에 주목했다. 이미 학자금 대출 시장은 충분히 규모가 컸고, 학생들은 이 문제를 심각하게 느꼈으며, 여러 새로운 핀테크 서비스가 속속 등장하고 있던 시기라 학자금 문제를 해결하는 서비스를 만들면 고객의 눈길을 쉽게 끌 수 있을 거라 생각했다.

이들은 스탠퍼드 MBA 학생늘을 대상으로 자신늘의 아이디어를 실험해보기로 한다. 우선 졸업생들에게 사업에 관해 설명하고 투자금을 유치했다. 이때 40명의 졸업생으로부터 평균 6천만 원

(5만 달러)의 돈을 받아 총 24억 원(200만 달러)가량의 자금을 모았다. 그리고 이를 80여 명의 대학원생에게 6%가량의 이율로 대출해줬다. 졸업생들은 예전의 자신들을 떠올리며 후배를 위하는 마음으로 선뜻 돈을 내줬고, 재학생들은 기존 금융사보다 훨씬 낮은 이자로 돈을 빌릴 수 있었다.

이후 이들은 MBA를 졸업하자마자 곧장 정식 법인을 세운다. 회사 이름은 소셜 파이낸스^{Social Finance}를 줄여 소파이로 정했다. 소파이는 학생들에게 최저 5.9% 수준으로 전통 금융기관들보다 3~4%p 더 저렴하게 학비를 빌려줬다. 그리고 졸업생들에게는 후배들에게 돈을 빌려주는 것이 매우 안전한 투자라 강조했다. 실제로 미국 연방 정부 학비 대출의 3년 내 부도율은 14% 수준이었지만, 소파이의 부도율은 0%에 가까웠다.[21] 돈을 빌린 학생들도 학교 선배들이 빌려준 돈임을 알고 있다 보니 더 성실히 잘 갚았다. 알고 보면 한 다리 건너면 서로 다 아는 사이였기 때문에 대출 부도는 드문 일이었다. 소파이는 두 집단 사이에서 1.25%p가량의 수수료를 받았는데, 서비스 출시 첫날부터 매출이 발생했다.

이들 간에 남다른 신뢰가 있다는 것은 호칭에서도 알 수 있다. 소파이에서 돈을 빌린 학생은 차용인^{Borrower} 대신 회원^{Member}으로 불린다. 그리고 회원을 대상으로 지원 프로그램을 만들었는데, 졸업생들이 멘토링 프로그램을 열어 후배들에게 커리어에 대한 여러 조언을 해주고, 졸업한 후배가 직장을 잃으면 몇 개월간 상환을 늦춰 재취업할 수 있게 인터뷰를 알선하기도 한다. 특히 미국 학생들이 받는 정부 학자금 대출은 아르바이트 등 경제 활동을 해야 하는 조건이 있지만, 소파이는 이런 제약 없이 공부에 매진할 수 있도록 했다.

초기 소파이는 스탠퍼드, 하버드, 와튼, MIT, 켈로그 등 미국 명문 MBA 재학생들을 중심으로 대출해줬다. 이곳 학생들은 대부분 졸업 후 많은 연봉을 보장받으며 어렵지 않게 일자리를 구했기에 돈을 빌려줄 때 기존 금융기관의 신용평가와 달리 명문 MBA 학생이라는 점을 더 중요하게 고려했다. 이후 점차 안정적으로 돈을 빌려줄 수 있는 체계가 잡히자 모건스탠리 등 여러 운용사에서 소파이에 자금을 대췄다. 소파이의 비즈니스 모델이 안정적이면서도 수익성 높은 투자 상품으로 인식된 것이다.

이때부터 소파이는 MBA 학생들을 넘어 미국의 여러 학부와 대학원생들을 대상으로 고객을 확장한다. 명문대 재학생뿐 아니라 2년제 이상 학교의 재학생과 졸업생, 그리고 직장인, 외국인까지 하나둘 소파이의 고객이 됐다. 심지어 자녀의 교육 비용을 대는 부모를 위한 대출 상품도 출시했다. 처음에는 명문대 학생들에게만

출처: 소파이

졸업생들의 투자금을 유치해 학자금 대출 사업을 시작한 소파이는 이제 은행을 대체하는 새로운 금융 서비스 모델로 성장 중이다.

대출해준다는 부정적인 목소리도 있었지만, 이런 비판도 점차 줄어갔다.

나아가 2013년부터 학자금 대출 중심의 사업 구조에서 개인 신용 대출, 부동산 담보 대출, 주택 자금 대출 등 다양한 금융 상품을 취급하기 시작한다. 학교를 졸업한 학생들이 부모에게서 독립하고, 결혼하면서 자신들만의 공간을 갖기 위해 큰돈을 필요로 했기 때문이다. 소파이는 학자금 대출을 통해 수집한 20~30대 고객의 데이터 분석을 통해 우량 고객을 중심으로 계속해서 금융 상품을 팔았다. 재학 시절 소파이의 낮은 금리와 여러 혜택을 경험한 고객들은 기쁜 마음으로 소파이를 다시 찾았다.

은행 말고 소파이, 예견된 사업 확장

—

그러나 소파이의 P2P 대출 모델은 회원에게는 낮은 금리로 돈을 빌려주고, 투자자에게는 높은 수익률을 제공해야 했기에 성장에 한계가 있었다. 소파이 입장에서는 더 저렴하게 돈을 조달해와야 더 높은 수익을 달성할 수 있는 구조였다. 이를 위해 소파이는 학자금 대출에 대한 채권을 증권화해서 자금을 확보하는 한편, 직접 고객에게 대출할 돈을 모으기 위해 사모 펀드를 결성한다. 그러나 시중에는 최소한 4% 내외의 수익률을 제시해줘야 투자자들로부터 돈을 받을 수 있었기에 조달 금리를 더 낮출 수 있는 또 다른 접근

이 필요했다.

　다행히도 얼마 뒤 소프트뱅크 손정의 회장으로부터 핀테크 업계 사상 단일 최대 규모인 약 1조 원(10억 달러)을 투자받게 된다. 많은 스타트업을 눈여겨보던 손정의 회장의 눈에 소파이의 성장 가능성이 보였던 것이다. 막대한 투자를 바탕으로 이들은 이자를 낮추고 다양한 금융 상품을 취급하기 위한 본격적인 움직임을 시작한다. 2017년 2월 모바일 뱅킹 서비스 젠뱅크스^{Zenbanx}를 인수한 후, 그해 6월 은행업 인가를 받으며 모바일 뱅킹 소파이 머니^{SoFi} ^{Money}를 출시한다. 소파이 머니는 기존 은행과 유사하게 고객이 돈을 저축하면 1~2% 수준의 높은 이자를 받을 수 있는 서비스다. 고객은 직불카드를 발급받아 결제하거나 ATM을 통해 무료로 현금을 인출할 수도 있다. 또한 이체 수수료도 없었다. 이에 '소파이가 은행을 파괴하고 있다'라는 분석이 잇따랐다.

　은행이 된 소파이는 다른 P2P 대출 업체와 달리 자체 자금을 통해 바로 대출을 집행할 수 있게 해서 다른 경쟁사들보다 더 신속하게 더 낮은 이율로 대출을 제공했다. 특히 이들은 마케팅에서도 그들의 젊은 감각을 보여줬는데 '은행하지 말고, 소파이하세요 Don't Bank, SoFi', '은행조차도 자기들이 은행인 게 싫을 거예요^{Even} ^{Banks don't want to be banks}', '이제 은행 없는 세상이 시작됩니다^{This is} ^{the beginning of a bank-less world}' 등의 메시지를 통해 고객 인지도를 빠르게 높였다. 이는 슈퍼볼 광고에도 등장했다.

　이런 소파이의 전략은 다른 P2P 업체들에 벤치마킹되기도 했

뉴스에 소개된 소파이 광고다. 소파이는 강렬한 광고 문구로도 유명하다. "금리를 10% 낮춥니다. 당신은 월세 살기엔 너무 똑똑해서요.", "위대한 사람을 위한 위대한 대출", "우리도 당신이 대출 승인받기를 바랍니다" 등 짧지만 여운을 남기는 메시지를 전달한다.

다. 2020년 2월 미국 최대의 P2P 대출 업체인 렌딩클럽LendingClub은 대형 인터넷은행 래디어스뱅코프를 인수한다. 렌딩클럽은 일반 소비자와 중소형 기업을 대상으로 대출을 제공하는 기업으로 미국 P2P 대출 업계 1위지만, 2013년 한 해를 제외하고는 매해 적자를 기록했다. 이들은 소파이처럼 은행 인수를 통해 자금 조달에 들어가는 여러 비용을 줄이고 수익 구조를 개선하겠다고 밝혔다. 영국의 P2P 대출 서비스 조파Zopa 역시 2018년 정부로부터 은행업 허가를 받은 후, 2020년 6월 정식으로 은행 서비스를 출시했다. 현재 이들은 예금 고객에게 1.1~1.6%의 높은 이자를 제공하고 있지만,

카카오와 네이버는 어떻게 은행이 되었나

앞으로 기존 조달 금리보다는 훨씬 더 낮게 대출 자금을 확보할 것
으로 보인다.

소파이로 자란 자, 소파이의 성장을 이끌다

소파이는 한 번 얻은 고객을 놓치지 않았다. 학자금 대출을 받았던
고객은 졸업 후 대부분 소득이 높은 직업을 얻었기에 학자금 대출
의 수혜자에서 투자자로 변모했다. 이들은 누군가에게 학자금 대
출을 해주는 것을 금융 상품에 투자하는 것과 동일하게 생각했다.
일단 큰돈을 넣어두면 매달 이자가 들어왔기 때문에 예금이나 채
권 투자와 비슷하다고 생각한 것이다.

이에 소파이는 2019년 투자 서비스 소파이 인베스트^{Sofi Invest}를
출시하며 사업을 확장한다. 소파이 인베스트는 하나의 앱을 통해
주식, ETF(상장지수펀드), 암호화폐 등 여러 금융 상품에 투자할 수
있는 서비스다. 초기 거래 수수료를 없애서 기존 고객이 부담 없이
투자자로 전환할 수 있도록 유도했다. 소파이 인베스트는 소파이
에서 대출받았던 고객을 중심으로 출시 1년 만에 100만 명 이상의
사용자를 모았고, 젊은 세대의 투자 습관을 분석해가며 계속해서
몸집을 불려갔다.

그들은 직접 ETF 상품을 개발하기도 했다. 우버나 리프트 등의
회사에 투자하는 긱 이코노미^{Gig Economy} ETF, 소파이에서 가장 많

이 거래된 종목들을 대상으로 만들어진 소파이 50 ETF 등 네 개의 상품을 뉴욕증권거래소에 내놓았다. 이들이 출시한 금융 상품의 가장 큰 특징은 무보수로 운용된다는 점이다. 미국에서 일시적으로 무보수로 운용하는 ETF는 있었지만, 소파이처럼 최초 상장 시점부터 아예 무보수인 ETF는 처음이었다. ETF는 큰 이율을 기대하고 투자하는 상품이 아니기에 운용 보수 차이로 고객의 기대 수익률에 차이가 발생한다는 점을 고려한 것이다. 그러니 당연히 고객에게는 매력적으로 다가올 수밖에 없었다. 이는 소파이가 적자를 감수하면서까지 시장에서 입지를 키우려는 의지가 느껴진 대목이다. 소파이의 이런 공격적 시도에 미국의 뱅가드 그룹 등 대형 금융사들도 ETF의 운용 보수를 낮추기에 이른다. 현재 소파이는 ETF 출시 1년까지만 수수료를 무료로 하도록 정책을 조정한 상태다.

소파이는 최근 1~2년 사이에 놀라울 정도의 성장세를 보이며 전통적인 금융 회사들이 갖추고 있는 은행, 캐피탈, 자산 관리 등으로 영역을 확장해 미국 젊은 세대의 종합 금융 서비스로 자리 잡고 있다. 2020년 4월에는 핀테크 회사가 쉽게 은행 계좌나 카드를 개설하고, 이를 이용할 수 있게 하는 API를 제공하는 기술 회사를 인수하며 B2B 영역에도 진출할 것을 예고했다.

대출 시장을 바꾸는 제2의 소파이들

소파이가 대출 시장의 판도를 바꿀 수 있었던 것은 돈을 빌리는 사람의 신용도를 판단하는 기준이 기존 금융 회사와 달랐다는 것이다. 미국의 금융기관에서는 신용평가 기준으로 FICO라는 신용 점수를 활용한다. FICO는 신용평가 기관에서 제공하는 300점부터 850점까지 개인에게 부과되는 점수다. 그러나 FICO 점수가 도출되기 위한 정보가 부족하거나 평가받는 사람이 과거 금전적인 실수를 했다면 점수가 낮게 나온다. 그런 사람들은 전통 금융기관에서는 대출받기 어렵거나 지나치게 높은 금리로 대출받아야 한다.

소파이는 적어도 명문 MBA에 다니는 학생의 경우, 졸업 후에 학자금을 갚을 수 있는 경제적 능력이 생길 거라 가정했다. 이 가정은 소파이가 집행한 대출의 결과를 통해 실제로도 증명됐는데, FICO를 적용해본 결과 현재 소파이에서 대출금 상환 중인 사람 중 90%가 FICO 점수 700점 이상으로 신용 수준이 좋고, 60%는 740점 이상으로 신용이 아주 좋다. 특히 이들의 평균 소득은 연 1억 7천만 원(15만 달러) 수준이고, 6천만 원(5만 달러) 이하인 사람은 채 1%도 되지 않는다. 대부분의 사람이 대출금을 갚고도 월 300만 원(2,500달러) 이상의 여윳돈이 있다고 한다.

이처럼 소파이는 기존 금융기관에서 놓친, 미래에 단단한 재무 역량을 갖게 될 고객을 미리 알아봤기에 차별화된 대출 비즈니스 모델을 만들 수 있었다. 고객은 전통 금융기관보다 금리를 낮춰줄 수 있는 곳을 찾았고, 소파이는 그런 고객의 이자를 덜어줌으로써 성장할 수 있었다. 최근에는 소파이의 성공에 힘입어 이와 유사한 시도를 하는 스타트업들이 속속 등장하고 있다.

영국의 핀테크 기업 리브리스Liberis는 소상공인을 대상으로 그들의 카드 매출을 분석해 돈을 빌려준다. 작은 레스토랑이나 가게는 계절에 따라 매출이 고르지 않다 보니 돈을 빌리고도 종종 갚지 못해 금융기관에서 평가받는 신용도가 낮다. 리브리스는 이런 소상공인의 카드 결제 내역을 분석해 일정 금액을 빌려준 후, 그 이후부터는 고객이 결제하는 돈에서 즉각 이자와 원금의 일부를 상환하도록 하는 시스템을 통해 소상공인으로부터 돈을 못 받을 확률을 줄였다.

영국과 미국에서 제공되고 있는 금융 서비스 샐러리파이낸스 Salary Finance는 각 회사와 연계해 직원들의 급여에서 자동으로 상환금이 차감되는 대출 상품을 선보였다. 이들은 고금리 대출 상품을 이용하는 사람에게 더 저렴한 이자를 제시하는 대신, 매달 상환액을 급여에서 자동으로 차감해 부실률을 낮췄다. 이 서비스를 도입한 회사에서는 직원들의 근속률이 높아지고, 직원들은 더 열심히 돈을 갚았다는 연구 결과도 있다.[22]

미국의 어닌Earnin은 고객의 지불 능력을 분석해 아예 이자를 받지 않고 대출해준다. 미국에서는 2016년 기준 1,200만 명 이상의 사람들이 급여를 담보로 당장의 생활비를 대출받고 있었다.[23] 어닌은 이들을 대상으로 최대 500달러까지 빌려줬다. 정해진 월급이 있으면 그 금액을 참고하고 운전기사, 프리랜서 등 수입에 변동이 있는 사람들에게는 그들이 실제로 일한 시간을 추적해 그달의 수입을 예측해서 돈을 빌려준다. 이자가 없는 대신 상환할 때 서비스에 대한 수수료 명목으로 고객에게 고객이 내고 싶은 만큼 팁을 낼 것을 요청한다. 어닌은 통상 10%가량의 팁을 권장하지만, 아예 돈을 내지 않는 것도 가능하다. 명목상의 이자 없이 서비스 수수료를 받으며 대출해주는 어닌의 비즈니스 모델은 어닌을 대부업으로 분류해야 하는지 아닌지에 대한 논쟁을 일으키기도 했다.

화폐의 국경을 없애다,
레볼루트

최근에는 코로나로 해외에 가는 게 어려워졌지만, 그래도 여전히 여행이나 비즈니스 등 다양한 이유로 우리는 해외에 나간다. 그런데 그럴 때마다 해야 하는 환전은 은근 귀찮은 일이다. 환전 서비스가 점점 간소화되면서 미국, 일본, 중국, EU 가입국처럼 세계적으로 통용되는 화폐를 쓰는 국가는 환전이 쉬워졌지만, 소수 통화를 쓰는 국가의 경우 환전이 가능한 은행을 찾기가 여전히 어렵고 수수료도 높다. 더 큰 불편은 아무리 맞춰 써도 돈이 남는다는 것이다. 아마 해외여행 후 남은 외화를 어떻게 해야 할지 고민해본 적 있을 것이다. 대부분은 남은 돈이 얼마 되지 않아 그냥 보관해둔다.

이런 불편을 해결하기 위해 몇 년 전 암호화폐를 활용한 송금 서비스가 여럿 나오기도 했다. 그러나 암호화폐는 변동성이 워낙 크고, 각국의 금융 시스템과 연계하는 과정에서 여러 한계가 드러나면서 처음 암호화폐 붐이 일었던 때와 달리 크게 주목받고 있지 못하다.

레볼루트Revolut는 '굳이 암호화폐 같은 대체 수단을 써가며 환전하는 게 꼭 필요할까'라는 의문에서 시작됐다. 이들은 전 세계 150개 이상의 국가에서 30여 개의 화폐를 기준 환율로 연결해 지역에 상관없이 자신이 가진 화폐를 그대로 사용할 수 있게 만들었다. 환전 수수료도, ATM 출금 수수료도 없다. 현재 레볼루트는 여행을 자주 가거나 여러 국가를 왕래하며 일하는 사람들을 중심으로 1,300만 명의 고객을 확보하며, 유럽을 대표하는 인터넷전문은행으로 성장 중이다.

수수료 없이 30개국의 화폐를 연결하다

—

레볼루트는 2015년 모스크바 출신 영국인 닉 스토론스키Nik Storonsky가 영국에 설립한 스타트업이다. 그는 모스크바 대학교에서 물리학을 공부했지만, 금융에 관심을 갖게 되면서 경제학을 공부하고, 석사 학위를 취득했다. 이후 크레디트 스위스Credit Suisse와 리먼 브라더스Lehman Brothers에서 외환 트레이더로 커리어를 시작한다. 모스크바 출신이었던 그는 영국에서 일하며 월급을 받을 때마다 은행에서 러시아 화폐 루블RUB로 환전해야 할 일이 잦았다. 여행도 좋아해서 여유가 생기면 바로 해외로 떠났는데 매번 환전을 위해 은행에 가야 하는 게 너무 귀찮았다. 게다가 수수료도 비쌌다. 결국 이 문제를 해결할 서비스를 찾다가 은행에서 개발자로 있던 동료와 함께 쉽고 저렴하게 환전할 수 있는 서비스를 직접 만들기로 한다.

그들은 고객이 레볼루트에 가입하면 미국 달러USD, 유럽연합 유로EUR, 영국 파운드GBP를 기반으로 하는 가상 계좌 세 개를 동시에 개설해주는 서비스로 처음 시작했다. 이 서비스에 가입하려면 5분이면 충분하다. 앱에 여권, 정면 얼굴 사진 등을 입력만 하면 된다. 이렇게 레볼루트에 가입하면 스마트폰을 통해 계좌에 돈을 보내거나 신용카드, 직불카드를 이용해서 돈을 충전할 수 있고, 충전된 돈은 추가 수수료 없이 은행 간에 돈을 주고받을 때 활용되는 기준 환율로 환전된다. 미국에서 달러로 돈을 충전해도 별도의 수수료 없이 영국에서 파운드화로 결제하거나 송금하고 출금할 수 있는 것이다.

또한 레볼루트 카드를 발급받으면 어느 나라든 환전 걱정 없이 즐길 수 있다. 부다페스트에 여행 간다고 해서 헝가리의 포린트HUF로, 방콕으로 출장 간다고 해서 태국의 바트THB로 환전할 필요가 없는 것이다. 레볼루트 카드만 있다면 어느 나라 ATM에서든 수수료 없이 해당 국가의 화폐를 출금할 수 있다. 카드 결제도 추가 수수료가 없다. 이 카드는 마스터카드와 제휴해 발급되는데, 레볼루

카카오와 네이버는 어떻게 은행이 되었나

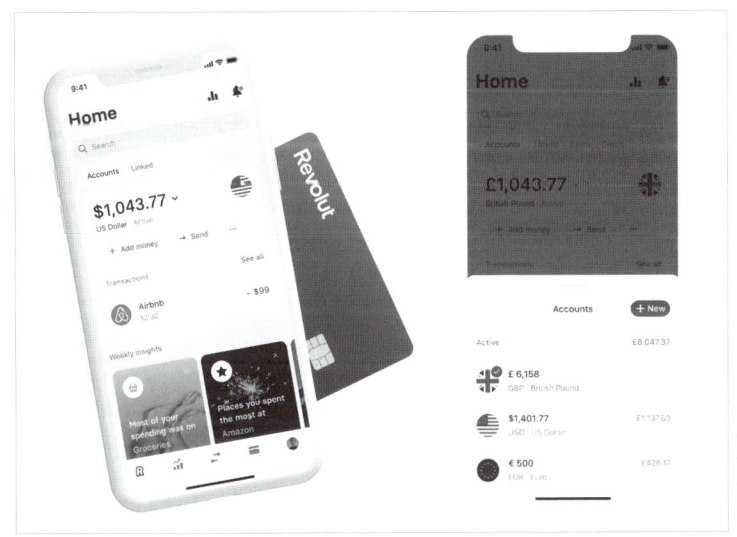

레볼루트는 계정에 담긴 돈을 달러나 유로, 파운드 등으로 수수료 없이 전환해주는 서비스
다. 현재 레볼루트 앱에서 30여 개 화폐로 환전 가능하다.

트는 마스터카드가 가맹점으로부터 받는 결제 수수료의 일부를 받
는다.

　　송금 수수료는 대략 월 770만 원(6,500달러), 연간으로 환산했
을 때는 9,240만 원(연 7만 8천 달러)까지 무료다. 대부분 고객이 서
비스 이용에 불편을 느끼지 않을 수준이다. 만약 더 많은 금액을
이용하고 싶다면 월 7,500원(5파운드)의 멤버십에 가입해 환전과
ATM 출금 한도를 높일 수 있다.＊ 그래서 특정 국가에 오랜 기간

ㆍ 2020년 9월 해당 서비스의 가격은 월 7.99파운드 수준으로 인상되었다. 다만 여행자 보
　험, 공항 라운지 이용, 스위프트 망을 통한 송금 등 여러 서비스가 추가되었다.

머무는 것이 아니라면 굳이 그 나라 은행 계좌를 발급하는 것보다 레볼루트에 가입하는 게 훨씬 간단하고 금전적으로도 저렴하다. 이런 이유로 여행이나 출장을 자주 가는 사람들은 레볼루트에 열광할 수밖에 없다. 특히 간단하고 세련된 레볼루트의 화면 디자인은 고객들이 어렵지 않게 그들의 서비스를 사용하게 하는데 한몫했다.

출시 1년 뒤인 2016년, 레볼루트는 앱을 통해 23개 통화를, 레볼루트 카드는 90개국에서 환전 및 결제할 수 있도록 서비스를 확장했다. 2017년에는 가입 고객 수가 100만 명을 넘어섰다. 유럽에서 성공을 이룬 레볼루트는 2019년 9월 비자와의 협약을 통해 호주, 브라질, 캐나다, 일본, 뉴질랜드, 러시아, 싱가포르, 미국에서 서비스를 출범한 후 아르헨티나, 칠레, 콜롬비아, 홍콩, 인도, 한국, 말레이시아, 멕시코, 필리핀, 사우디아라비아, 남아프리카, 대만, 태국, 우크라이나로 사업을 확장할 예정이다.

이외에도 레볼루트는 사용자가 결제한 내역을 분석해 지출 내역을 관리할 수 있는 서비스도 제공한다. 지출 내역을 부문별로 나누고, 이를 도식화해 보여주는 이 기능은 고객이 일·주·월 단위로 식비나 여행, 이동에 얼마나 많은 돈을 쓰고 있는지 실시간으로 확인할 수 있게 해준다. 카테고리마다 지출 한도를 설정한 후 이를 초과하면 알림을 받는 것도 가능해 사용자가 자신의 소비 습관을 관리할 수 있도록 돕는다.

코로나에도 흔들리지 않은 수익화 비결
—

가장 놀라운 것은 레볼루트의 수익화 역량이다. 비슷한 다른 핀테크 기업들이 코로나로 인해 엄청난 규모의 적자에 허덕이고 있는 것과 대조되게 레볼루트는 착실하게 수익 모델을 발굴해가며 성장 중이다. 채용과 신규 시장 진출에 투자를 늘리며 의도적인 적자를 내고 있지만, 고객을 모으는 것뿐만 아니라 고객으로부터 의미 있는 매출을 일으키는 데 상당한 노력을 기울이고 있다. 레볼루트는 2018년 1월 기준 손익분기점을 돌파하며 영국 최초의 챌린저 뱅크가 된다.

레볼루트는 앞서 소개한 결제 수수료 외에도 세 가지 수익 모델을 더 찾았다. 첫 번째로 멤버십 서비스다. 레볼루트 메탈Revolut Metal은 무제한 환전을 제공하는 프리미엄 멤버십 위에 있는 최상위 멤버십이다. 이 멤버십은 월 2만 1천 원(14파운드)으로, 여행을 자주 다니는 사람들을 타깃으로 여행자 보험, 수하물이나 항공편 지연에 따른 보험, 공항 라운지 이용권을 제공한다. 또한 이 서비스에 가입할 경우 금속으로 된 약간 묵직하면서도 고급스러운 느낌의 실물 카드를 발급해주고, 모든 결제마다 1%가량의 캐시백 혜택도 제공한다.

두 번째는 주식이나 암호화폐, 금에 투자할 수 있는 서비스다. 주식거래 수수료는 메탈 등급 사용자의 경우 무제한 무료고, 무료 사용자는 3회, 프리미엄 사용자는 8회 무료 혜택이 주어진다. 이후 거래에서는 한 번 사고팔 때마다 1,500원(1파운드)의 수수료만 내면 된다. 암호화폐 거래는 1.5%, 금은 0.25~1%가량 거래 수수료를 받는다. 유럽 고객들은 미국 주식에 투자할 때 달러화가 필요하기에 환전도 해야 하고, 주식 거래 수수료도 지불해야 하지만, 레볼루트를 이용하면 환전은 무료고, 거래 수수료도 다른 금융기관들보다 저렴해 많은 고객을 끌어모을 수 있었다.

세 번째로는 여행자 보험 상품이다. 이 상품은 한 번 보험에 가입해두면 고객의 위치 정보를 수집해 사용자가 해외에 있으면 자동으로 일일 여행자 보험에 가입되고 귀국하면 알아서 보험 계약이 종료되는 방식으로 제공된다. 하루 보험료는 1,500원(1파운드) 수준인데, 지나치게 큰 비용을 지불하지 않도록 연간 최대 40일간만 지불하는 구조다. 처음 한 번만 가입하면 여행 갈 때마다 여행자 보험에 대한 고민 없이 떠날 수 있어 고객들 반응이 좋다.

하지만 이런 수익 모델에 레볼루트의 일부 직원들은 "명확한 비전 없이 돈만 좇고 있다"라며 푸념하기도 했다. 암호화폐가 주목받으니 코인과 관련성 없는 레볼루트가 무작정 이런 기능들을 선보이는 것 아니냐는 비판이었다. 이에 대해 레볼루트의 CEO 닉은 철학 없이 서비스를 만든 것은 급격한 환경 변화를 따라가기 위함이었다며 지적을 일부 인정하기도 했다.

그러나 이런 수익화 노력 덕택에 코로나 영향에도 불구하고 이들은 2020년 손익분기점을 달성할 것으로 전망된다.[24] 2019년 매출의 60% 이상이 레볼루트 카드 수수료였지만, 코로나로 더 이상

카카오와 네이버는 어떻게 은행이 되었나

사람들이 해외여행을 갈 수 없게 되자 레볼루트 카드의 거래 건수가 무려 45%가량 감소하는 큰 위기를 맞았다.[25] 하지만 이런 상황에서도 레볼루트의 전체 고객 규모는 꾸준히 증가했고, 수익성 높은 투자 서비스를 이용하는 고객의 비중이 늘었다. 그 넉분에 코로나로 인한 부정적인 영향 대부분을 상쇄하는 매출 성장을 이뤄낸 것이다.

이들은 이런 노력에 힘입어 2020년 6,900억 원(5억 8천만 달러) 규모의 투자를 유치했다. 기업가치는 6조 5천억 원(55억 달러)을 인정받았는데, 이전 투자인 2018년 4월 2조 원(17억 달러)과 비교하면 세 배 이상 몸값을 높인 것이다. 이는 코로나 상황에서 여러 핀테크 기업이 투자 유치에 실패하거나 가치 하락을 경험한 것과는 상당히 대조된 모습이다.

스타트업의 성장통

레볼루트는 2018년 리투아니아에서 은행업 허가를 받으면서 완전한 은행으로의 진화를 꿈꾸고 있다. 이들은 금융 시장 역시 다른 IT 서비스처럼 몇몇 글로벌 거대 기업이 세계 시장을 모두 장악할 것이라 믿기에 유럽과 북미 그리고 아시아 시장으로 발길을 넓히고 있다. 2020년 9월에는 비영어권 국가 중에서는 최초로 일본에 진출했다. 일본 고객들은 이제 레볼루트 앱을 통해 전 세계 30여 개국의 화폐로 쉽게 환전하고, 결제할 수 있다. 비록 코로나로 인해 여행객이 줄기는 했지만, 레볼루트는 일본에서 일하는 여러 외국인을 중심으로 고객을 유치하고 있다. 여전히 현금 의존적인 시장이지만, 여러 디지털 결제 회사가 등장하면서 점차 일본 시장에도 변화의 조짐이 나타나는 만큼 레볼루트가 얼마나 많은 고객을 확보하게 될지 투자자들의 관심이 쏠리고 있다.

다만 빠른 성장만큼이나 성장통도 심하다. 가장 큰 숙제는 조직 문화다. 레볼루트는 한때 혹독한 조직 문화에 대한 내부 고발이 이어지면서 위기를 맞기도 했다. 이때 핀테크 스타트업이 성장하는 과정에서 발생하는 구성원들의 고생을 헌신으로 볼 것인지, 혹은 착취로 볼 것인지에 대한 논쟁이 야기되기도 했다. 레볼루트의 CEO 닉은 사업 초창기에 "하루에 최소한 12~13시간은 일하고 있다. 모든 핵심 인력, 핵심 팀, 직원들이 주말에도 일하고 있다"라고 자랑스럽게 이야기했다. 그는 스타트업으로 살아남기 위해서는 열정과 야망을 갖고 헌신적으로 일하는 문화를 가져야 한다면서 자신들 역시 혁명 수준의 변화를 만들기 위해 엄청난 노력을 하고 있다고 밝혔다. 당시 이 인터뷰는 레볼루트에 관심이 많은 여러 사람에게 큰 울림을 주며, 서비스에 대한 레볼루트 멤버들의 의지를 보여주는 인터뷰로 여겨졌다.

그러나 미국의 IT 잡지 〈와이어드〉를 통해 닉이 직원들에게 보낸 메시지가 공개되면서 분위기가 반전됐다.[26] 성과 목표를 달성하지 못하면 성과급이 없을 뿐 아니라 별도의 논의 없이 해고된다

카카오와 네이버는 어떻게 은행이 되었나

는 경고였다. 목표를 달성하기 위해 주말에도 팀원들과 함께 출근해서 일하라는 이야기도 담겨 있었다. 이후 주요 임원들과 HR 담당자들이 회사를 떠나는 사태가 반복됐고, 일반 직원들의 퇴사도 늘어났다는 사실이 알려지면서 논란은 점차 커졌다. 직원이 10명 남짓하던 시절에는 '헌신'을 강요해도 순응하는 분위기였지만, 규모가 커질수록 이러한 문화는 지속되기 어렵다. 특히 수백 명 규모의 조직이 된 경우 이는 사실상 불가능에 가깝다.

사업 개발 담당자에 대한 채용 과정도 상당한 논란거리였다. 레볼루트는 신규 직원을 채용하면서 일주일 동안 10유로 이상을 입금한 신규 고객을 최소 200명 이상 모을 것을 실무 과제로 제시했다. 친구들에게 레볼루트의 홍보 링크를 보내고, SNS와 블로그에 광고하고, 학교 캠퍼스에 전단을 붙이라는 설명도 덧붙였다. 그런데 이 과제를 수행한 사람이 한두 명이 아니라 30~50명이라는 사실이 알려지면서 이들을 다 채용할 것도 아니면서 무급으로 막대한 일을 시키는 것에 대해 스페인 언론은 분노했다. 이에 레볼루트는 지원자들에게 사과하고 이 같은 채용 방식을 중단했다.

결국 닉은 잇따른 폭로에 일부 내용은 사실이라 시인하면서 변화하기 위해 노력하겠다고 밝혔다.[27] 앞으로는 무작정 비용을 낮추며 성장하기보다 사회적인 책임감을 갖고 경영에 임하겠다는 의지를 보이기도 했다.

세계를 하나로 엮는 핀테크 서비스

—

이런 논란을 떠나 레볼루트가 돈의 국경을 없앴다는 사실만큼은 핀테크 업계에서 큰 주목을 받고 있다. 레볼루트 외에도 핀테크 업계에서는 세계를 하나로 이으며 더 나은 금융 서비스를 만들려는 움직임이 활발하다.

독일의 N26은 유럽 주요 국가를 중심으로 25개국 500만 고객을 확보한 인터넷전문은행이다. 이들도 레볼루트와 유사하게 스마트폰으로 계좌를 발급받고, 세계 어디서든 사용할 수 있는 실물 카드를 제공한다. 또한 프리미엄 멤버십에 가입한 고객에게는 환전이나 ATM 출금 수수료 없이 어디서든 현금을 쓸 수 있게 하는 서비스를 제공한다. 레볼루트와 N26 모두 일반적인 전통 은행들과는 달리 구독 형태의 멤버십 중심으로 사업을 키워가는 모습이다. 현재 N26은 4조 1,500억 원(35억 달러)의 기업가치를 인정받고 있다.

네덜란드의 결제 서비스 애드옌Adyen은 다국적 기업들이 전 세계 지역마다 필요한 여러 결제 수단을 한 번에 지원할 수 있도록 통합된 결제 환경을 제공한다. 비자, 마스터카드, 아멕스와 같은 카드 외에도 알리페이, 애플페이, 유니온페이, 구글페이, 페이팔 등을 한 번에 연계할 수 있다. 심지어 특정 국가에서만 쓰이는 결제 수단도 제공하고 있어 어느 국가에 서비스를 제공하든 그 지역 고객들이 결제에 어려움을 겪지 않게 한다. 넷플릭스, 스포티파이를 비롯한 우버, 부킹닷컴, 에버노트, 마이크로소프트 등이 이들의 고객

카카오와 네이버는 어떻게 은행이 되었나

이다.

　트랜스퍼와이즈Transferwise는 이미 잘 알려진 영국의 해외 송금 업체다. 전 세계 800만 명 이상의 고객과 50개 이상의 화폐에 내해 월 6조 원(40억 파운드) 이상의 대금을 처리하고 있는 거대 환진 시 비스다. 이들은 돈을 송금하려는 각 국가의 사람들을 매칭해서 서로에게 그 지역의 화폐를 교환하게 하는 방식으로 송금 서비스를 제공한다. 예를 들어 트랜스퍼와이즈가 미국에서 한국으로 돈을 보내려는 사람의 돈을 한국에서 미국으로 돈을 보내려는 사람의 돈과 매칭해 교환해주는 방식이다. 초기에는 이와 같은 방식(네팅 Netting)으로만 서비스를 제공했으나, 규모가 커지고 소수 통화에 대한 환전 서비스까지 확장하면서 환전에 대한 기술적인 방식은 점점 다양화되고 있다. 현재 트랜스퍼와이즈는 5조 9천억 원(50억 달러)의 기업가치를 인정받고 있다.

월가를 갈아엎은 신예,
로빈후드

증권 거래의 역사를 살펴보면, 지금과 비교되지 않을 만큼의 높은 거래 수수료에 놀랄 것이다. 1960년대만 해도 주식 거래는 대형 기관 투자자의 전유물이었다. 브로커라 불리는 회사에서는 1~1.4%의 수수료를 받으며 주식 거래를 중개했는데, 이들의 주 업무는 고객에게 주문을 받은 후 뉴욕증권거래소에 직접 가서 종이 주식을 사고파는 것이었다. 뉴욕증권거래소에서는 브로커 회사가 고객에게 일정 수준 이상의 커미션을 부과하도록 해서 브로커들의 카르텔이 유지됐다. 1990년대 후반까지만 해도 미국 증권사들의 평균 수수료는 거래 건당 80달러였다.[28]

이런 상황에 경종을 울리며 등장한 것이 찰스슈왑Charles Schwab 과 TD아메리트레이드TD Ameritrade와 같은 회사다. 이들은 한국의 키움증권과 유사하게 온라인을 중심으로 주식 거래를 중개하는 회사인데, 거래 수수료를 적게는 30달러, 많게는 8달러 수준으로 낮추며 빠르게 고객을 모았다. 증권가에서 이는 혁명적인 수준이었고, 개인 투자자들이 급속히 유입되는 계기가 되면서 오히려 주식 시장이 더 활성화됐다.

그런데 비슷한 사건이 최근에 또 한 번 벌어졌다. 바로 로빈후드Robinhood의 등장이다. 이들은 미국 뉴욕증시에 상장된 주식, ETF, 암호화폐 등의 거래를 지원하는데, 모든 수수료가 무료다. 그래서 엄청난 속도로 성장하며 신규 투자자들을 흡수했다. 이에 놀란 찰스슈왑은 2019년에 주식, ETF, 옵션 등 모든 거래에 대한 수수료를 완전히 폐지하기로 했다. 과거 자신들이 전통 금융 회사를 공격했던 것을 그대로 돌려받는 격이다. 이후 피델리티, JP모건 등 대형 증권사들도 잇따라 무료 수수료 체계를 도입하기 시작하면서 수십 년간 증권사를 배부르게 했던 브로커리지 수수료 매출은 사실상 종식을 고했다.

수수료 없는 주식거래로 돌풍을 일으킨 로빈후드는 20대 개발자 두 명이 만든 서비스다. 현재 고객 수는 1,300만 명으로 이는 50년 역사의 찰스슈왑과 비슷한 규모다.

거래 수수료를 없애다

—

로빈후드는 스탠퍼드대 출신의 20대 개발자 두 명이 만든 모바일 트레이딩 서비스다. 그들은 투자를 잘 모르는 어린 사람도 스마트폰을 통해 쉽게 주식 투자를 할 수 있도록 만들고 싶었다. 원래 이들은 초단타매매* 소프트웨어를 개발하는 스타트업을 세웠지만, 당시 비슷한 서비스들이 우후죽순 나오면서 사업 모델을 바꿔야만 했다. 이에 개발 중이던 소프트웨어에서 방향을 틀어 거래 수수료 없이 이용할 수 있는 모바일 주식 거래 서비스를 만들었다.

그런데 투자자 입장에서는 무료로 주식 거래를 할 수 있게 하려는 시도가 매력적으로 보이지 않았다. 당장 수익원이 불투명했기 때문이다. 이들은 75개 벤처 캐피탈 회사로부터 거절당했다. 개발에 2년 6개월이라는 긴 시간을 들였지만, 투자 유치는 쉽지 않았다. 하지만 우여곡절 끝에 구글벤처스로부터 투자를 유치하자 로빈후드에 대한 관심이 높아졌고, 심지어 서비스가 정식으로 출시되기도 전에 창업자들은 자신들이 보유한 로빈후드의 주식 일부를 다른 투자자들에게 팔아 현금화했다.

로빈후드는 투자 경험이 전무한 젊은 고객도 쉽게 투자를 시작

● 초단타매매HFT, High Frequency Trading: 고성능 컴퓨터를 통해 빠른 속도로 주식의 매수, 매도 주문을 1초에 수백, 수천 번씩 해 수익을 올리는 거래 방식을 말한다. 다른 거래자가 낸 매수호가를 파악한 후 아주 빠른 속도로 그보다 약간 낮은 가격에 먼저 주식을 산 후 그에게 주식을 다시 되파는 등 여러 방식을 통해 수익을 창출한다.

할 수 있게 단순하고 편리하게 만드는 데 중점을 뒀다. 가입은 몇 번의 터치만으로 가능하고 화면 메뉴도 몇 개 없어 직관적이었다. 개별 주식 창의 매수^{Buy} 버튼은 차마 누르지 않을 수 없게 '확인' 버튼처럼 만들었고, 해당 종목에 대한 설명을 찾아보고 싶으면 화면을 스와이핑해서 재무 정보나 뉴스 기사를 확인할 수 있게 했다. 기존의 트레이딩 서비스와는 확연히 다른, 오히려 소셜 미디어나 모바일 게임 애플리케이션과 유사한 모습의 앱이었다.

또한 주식 거래 수수료를 없앴다. 미국은 계좌에 일정 금액 이상을 갖고 있어야 하는 최소 현금 잔고 기준이 있는데, 돈이 얼마 없는 고객도 로빈후드를 쓸 수 있도록 이 기준도 없앴다. 이런 파격적인 혜택과 모바일 친화적인 서비스 덕분에 그간 '투자는 돈 많은 사람이나 하는 것'이라 여겼던 사람들의 생각을 변화시키며 대중에게 관심을 받기 시작했다.

2014년 12월 로빈후드의 서비스가 공개되자마자 젊은 세대를 중심으로 고객이 빠르게 모여 서비스 시작 한 달 만에 고객이 10만 명을 넘어섰다. 전체 고객의 80%가량이 18세에서 29세로 평균 연령이 26세였는데, 이 중 25%는 투자를 처음 해보는 사람들이었다.[29] 전통적인 증권사의 미래 고객을 로빈후드가 먼저 낚아챈 것이다. 심지어 이들은 일주일에 평균 20회 이상 애플리케이션을 실행했다. 이런 실사용률은 로빈후느가 서비스 출시 전에 기대했던 것보다 훨씬 더 높은 수준이었다. 로빈후드는 이들을 미래 가치가 높은 고객이라 여기며 당장은 돈을 못 벌더라도 나중에는 상당한 가치를 만들어낼 것이라 생각했다. 평균 연령 26세의 고객들이 취업하고, 돈을 벌면 더 큰 금액을 투자할 것이기에 로빈후드의 입장에서는 아주 매력적인 고객층이라 판단한 것이다.

이에 로빈후드는 사람들이 어떻게 하면 더 간단하고 쉽게 투자할 수 있을까를 매일 고민하며, 서비스를 꾸준히 개선해갔다. 사용자들이 최소한의 시간과 터치로 주식을 살 수 있게 하는 데 집중했다. 주문을 넣을 때 '확인' 버튼을 없애고 가격과 수량을 입력한 후 화면을 위쪽으로 스와이핑하면 바로 주문이 들어가게 만들었다. 기능 측면에서도 2017년 옵션 거래와 마진 거래 기능을 추가하고, 2018년에는 비트코인, 이더리움과 같은 암호화폐를 거래할 수 있는 서비스를 추가한다. 다른 주식 거래와 마찬가지로 이 역시 거래 수수료는 없다. 암호화폐의 경우, 통상 거래소들이 0.5~4% 수준의 거래 수수료를 받는 것과는 상당히 다른 모습이다.

귀족들의 재산을 빼앗아 가난한 이들을 도왔다고 알려진 중세 시대 영국의 의적 로빈후드를 떠올리게 하듯, 핀테크 서비스 로빈후드는 고객이 주식을 사고팔 때 월스트리트에 지불해야 하는 수수료를 없앴다. 그리고 일반 사람들에게 어렵게만 느껴졌던 주식 투자 서비스를 '이래도 되나' 싶을 정도로 간단하게 만들었다. 결국 이들의 치기 어린 반항은 수수료 없는 주식 투자 시대를 개척하며 기존 증권사들의 오랜 사업 기반을 변화시켰다. 게다가 모바일 경쟁력이 부족한 전통 기업들의 생존에 위협을 느끼게 했다. 로빈후드는 2020년을 기준으로 1,300만 고객을 확보했는데, 이는 50년 역사를 가진 1위 온라인 증권사 찰스슈왑과 유사한 규모다.

로빈후드가 논 버는 신싸 방식
—

그렇다면 로빈후드는 수수료를 받지 않으면서 대체 어떻게 수익을 내는 것일까? 일견 수수료가 죄다 무료인 상황에서 로빈후드가 수익을 내기란 쉽지 않을 것이라 생각할 수 있다. 표면적으로 알려진 것은 유료 멤버십 서비스 로빈후드 골드Robinhood Gold다. 이 서비스는 월 5달러 정도의 돈을 내면 마진 거래 기능을 사용할 수 있고 시장 정보를 추가로 제공한다. 마진 거래는 증권회사로부터 돈을 빌려서 주식매매를 하는 투자 방식으로 투자자는 전체 매매 대금의 일정 금액만 증거금 형태로 예치하면 된다. 그래서 자신이 가진 돈보다 더 큰 규모의 투자를 할 수 있다. 또한 고객은 각 주식 종목에 대해 상세하게 분석된 리포트를 받아볼 수 있다. 로빈후드와 제휴를 맺은 리서치 업체들이 만든 여러 자료를 통해 투자 도움을 받을 수 있는 것이다.

하지만 이는 충분한 매출을 만들어내기 어려워 보인다. 실제로 로빈후드의 가장 큰 매출원은 따로 있다. 로빈후드는 고객의 주문에 비례해 돈을 번다. 바로 PFOF Payment For Order Flow(주문 흐름에 따른 지불) 방식이다. 로빈후드를 이용한 주식 거래 주문은 뉴욕증권거래소가 아니라 초단타매매를 하는 기업들에 보내지고, 이 기업들이 로빈후드를 대신해서 주식을 사고팔면서 고객 주문을 수행한다. 이들은 고객 주문을 바로 수행하는 대신, 몇 밀리세컨드(1,000분의 1초)의 시간 동안 고객이 주문한 가격보다 조금 더 낮거나 높은 가격으로 주식을 산다. 1초에 수천 건 이상의 거래를 체결하고 그 사이에도 가격은 끊임없이 움직이고 있어 초단타매매 기업들은 거래당 몇 센트 정도의 이익을 실현할 수 있다. 고객에게는 고객이 요청한 가격에 맞춰 주기만 하면 된다.

이와 같은 방식으로 로빈후드는 초단타매매를 하는 기업들로부터 리베이트*를 받는다. 2018년 로빈후드가 밝힌 바에 따르면 통상 거래 금액의 0.026%를 받는다고 알려졌다. 고객이 100달러를 거래하면 2.6센트의 수수료 매출이 발생하는 것이다. 결국 고객이 낸 주문을 통해 돈을 버는 셈이다.

이는 전체 매출의 절반 이상을 차지한다. 로빈후드는 이를 통해 2020년 1분기에만 1천억 원(9,100만 달러) 이상 벌었고, 2분기에는 두 배인 2,100억 원(1억 8천만 달러)을 벌었다. 신규 고객이 유입되고 거래량이 증가하면서 매출은 꾸준히 증가하고 있다. 다만 이런 PFOF 방식의 주문은 한국에서는 아직 잘 알려지지 않았고 법적으로도 허용되지 않는다. 한국은 자본시장법상 증권사는 고객의 위탁 주문을 받아 거래소를 중개하는 것 이상의 역할을 할 수 없고, 모든 주식 거래의 체결은 한국거래소에서 독점 수행하도록 규정하

• 리베이트Rebate: 판매자가 지급받은 대금의 일부를 사례금이나 보상금 형식으로 지급인에게 되돌려주는 일이나 돈을 뜻한다.

고 있기 때문이다.

두 번째 수익 모델은 이자 매출이다. 이자 매출은 고객이 투자할 때 현금이 부족할 경우 돈을 빌려주면서 얻게 되는 대출 이자, 그리고 고객이 투자를 위해 예치해 둔 돈을 운용해 나오는 이자로 구성된다. 정확한 수치는 알 수 없지만, 로빈후드의 매출에 많은 부분을 차지한다고 알려졌다.

이런 탄탄한 수익 구조를 토대로 로빈후드는 상당한 돈을 투자받았지만, 투자받은 돈을 쓰지 않아도 될 만큼 돈을 잘 벌고 있다. 실제로 투자받은 돈 대부분을 쓰지 않았다고 한다.[30] 로빈후드는 과거 수십 개의 벤처 캐피탈 회사로부터 투자 거절을 당했지만, 창업 후 지금까지 총 2조 원(17억 달러) 이상의 투자를 유치하며, 13조 3천억 원(112억 달러)의 기업가치를 인정받았다.

모바일 게임과 경쟁하는 주식 투자

로빈후드는 모든 핀테크 서비스 중에서 모바일 게임 요소를 가장 많이 접목한 서비스다. 게이미피케이션의 절정이라 할 수 있다. 사용자 경험UX 기획자들이 로빈후드의 서비스를 분석할 때 다른 투자 서비스가 아닌 모바일 게임 '캔디 크러시'와 비교할 정도다. 로빈후드의 이런 전략 때문인지 유사한 형태의 매출 구조를 가진 다른 경쟁 회사 중에서도 수익성이 독보적으로 높다. 고객 계정당 발

생하는 매출을 비교하면 적게는 10배, 많게는 100배 가까이 차이가 난다.[31]

사실 로빈후드는 미국에서 '개미 투자자(개인 투자자)'가 가장 많이 이용하는 서비스다. 그런데도 이렇게 수익성이 좋은 이유는 고객이 주식을 사고판 거래 대금이 많다는 것을 의미한다. 다시 말해 그만큼 고객들이 지속적으로 서비스에 접속하고 계속해서 투자를 이어가고 있다는 것이다. 한 번 로빈후드에 가입한 고객은 계속해서 로빈후드를 이용해 투자하는 비율이 높고 주식이나 ETF, 암호화폐를 자주 사고팔면서 거래를 발생시킨다. 로빈후드는 어떻게 고객을 서비스에 계속 머무르게 하는 걸까?

우선 로빈후드는 최초 가입 시 주식 1주를 준다. 로빈후드에 신규 가입한 고객은 98%의 확률로 2.5달러에서 10달러 사이의 주식 1주를 받는다. 운이 좋을 경우 200달러 주식을 받기도 한다. 이는 게임 아이템처럼 세 장의 복권 중 하나를 선택해 스크래치를 긁으면 어떤 주식인지 알 수 있는 형태로 제공한다. 이렇게 얻은 주식은 즉시 팔아 이익을 실현할 수는 없고, 2거래일이 지나야 가능하다. 이 기간에 신규 고객은 해당 주식의 주가 변동을 확인하기 위해 로빈후드에 매일 접속하게 될 것이고, 그렇게 되면 자연스럽게 다른 종목을 살펴보게 될 것이다. 이것이 투자 경험이 없던 사용자도 주식에 관심을 갖도록 유도하는 로빈후드의 전략이다.

이뿐만 아니라 로빈후드는 앱에 접속한 사용자에게 인기 거래 주식 랭킹을 보여주는데, 여기서 사용자는 아마존, 테슬라, 애플과 같이 투자 경험이 없어도 누구나 알 만한 유명 기업들의 이름을 쉽게 확인할 수 있다. 하지만 이런 기업들은 1주만 해도 가격이 비싸 선뜻 '주식을 하나 사볼까'라는 충동을 실현하지 못하게 만든다. 이에 로빈후드는 사용자가 주식을 살 때 실제 주가와 상관없이 단돈 1달러로 수백 또는 수천 달러의 주식이나 ETF를 살 수 있게 한다. 이를 소수점 단위 주식Fractional Shares 거래라고 하는데, 주식을 100만 분의 1주 단위로 사고팔 수 있도록 하는 것이다. 이 방식을 통해 사용자는 유명하지만, 주당 가격이 높은 주식에 큰 부담 없이 투자할 수 있다.

또한 사용자 경험적으로도 재미 요소를 가미했다. 주식을 사고팔 때 이를 축하하는 꽃가루가 화면에 흩날리며 팡파르가 울린다. 쉽게 말해 게임에서 레벨이 한 단계 올라갔을 때 노출하는 그래픽적 요소와 유사하다. 주식 가격이 오르면 로빈후드의 화면 톤이 녹색으로, 떨어지면 빨간색으로 변한다. 페이스북이나 인스타그램과 같이 계속해서 스크롤을 유도하는 서비스처럼 어떤 주식의 주문 창을 스크롤하면 해당 주식에 대한 분석 정보, 애널리스트 리포트, 최근 뉴스 기사, 유사 주식 등의 정보를 바로 확인할 수 있다. 투자에 관심 없던 사람도 마치 게임을 하듯 이 서비스를 즐기게 만든다.

그래서 로빈후드 고객 중에는 도박하듯 투자하는 경우도 있다. 일반적인 방식처럼 성장성이 높은 기업의 주식을 사는 것이 아니라 높은 리스크를 갖더라도 높은 이익을 실현하고자 투자하는 사

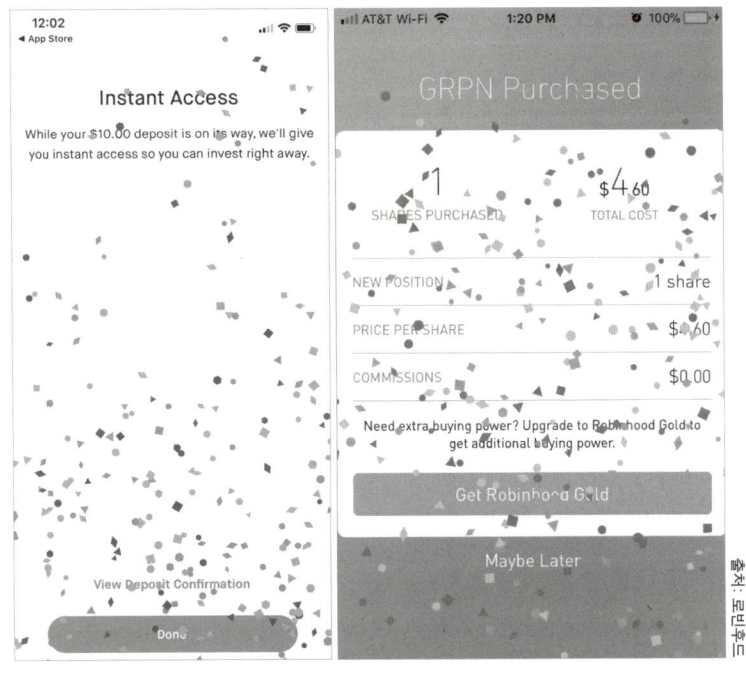

로빈후드에서는 주식을 거래할 때 화면에 꽃가루가 날리는 등 전반적인 화면 구성이 게임 캔디 크러시와 유사하다. 때문에 투자에 관심 없던 사람도 마치 게임을 하듯 이 서비스를 즐겨 금융 지식이 부족한 사람들에게 투자 위험성에 대한 충분한 인식 없이 투기 거래를 하게 만든다는 문제가 있다.

람들이 존재하는 것이다. 이미 파산보호 신청을 한 기업이나 갓 상장한 기업, 여러 부정적 이슈로 논란이 되고 있는 기업들이 로빈후드의 거래 상위 순위에 오르는 일이 드물지 않다는 걸 보면 알 수 있다. 선물이나 옵션에 투자하는 고객 비율도 로빈후드가 다른 경쟁 서비스 대비 압도적으로 높다. 로빈후드에서는 오히려 변동성

카카오와 네이버는 어떻게 은행이 되었나

이 높은 종목이나 금융 상품일수록 인기를 얻게 되는 경향이 나타난다.

다만 개미 투자자가 많은 로빈후드에서 이런 쉬운 투자 방식이 금융 지식이 부족한 사람에게 투자 위험성에 대한 충분한 인식 없이 투기성 거래를 하게 만든다는 지적이 있다. 여러 미국 커뮤니티 사이트에는 로빈후드를 통해 잘 모르고 무작정 투자를 시작했다가 막대한 피해를 봤다는 자조 섞인 글을 심심찮게 발견할 수 있다. 우리나라 주식 커뮤니티에 꾸준히 올라오는 한강 수온을 묻는 글들처럼 말이다.

실제로 스무 살의 한 대학생이 로빈후드에서 8억 7천만 원(73만 달러)가량을 잃고 스스로 목숨을 끊어 논란이 일기도 했다. 경영학을 전공한 이 대학생은 금융 시장에 관심이 생겨 쉽게 이용할 수 있는 로빈후드 앱으로 투자를 시작했다. 문제는 투자 경험이 없으면서 리스크가 상당한 옵션 투자에 손을 댄 것이다. 결국 감당하기 힘든 수준의 손실을 보고 돌이킬 수 없는 선택을 했다.

이후 모바일 게임과 이용 방법이나 수준이 크게 다르지 않은 로빈후드의 투자 서비스는 비판의 대상이 됐다. 로빈후드가 게임 머니가 아닌 실제 돈으로 움직이는 서비스라는 것을 사용자가 느끼지 못하게 만든다는 것이다. 이에 로빈후드는 고위험 거래에 대해서는 거래 전에 금융 상품 이해도를 판단할 수 있는 기준을 마련하고 관련 교육 콘텐츠를 보강하는 등 재발 방지에 힘쓰겠다고 밝혔지만 실효성이 있을지는 의문이다.

투자 업계를 뒤흔드는 변화들

—

최근 투자 업계에서는 초보 투자자를 위해 문턱을 낮추고, 이들이 투자에 꾸준히 관심을 가질 수 있도록 여러 시도를 하는 중이다. 한국에서도 여러 기업이 로빈후드를 벤치마킹하며 새로운 투자 서비스를 내놓으면서 개인 투자자를 모으고 있다. 해외의 여러 선도적인 기업 사례를 살펴보면, 앞으로 한국에 더욱 다양한 투자 관련 핀테크 서비스들이 나타날 수 있으리라 기대된다.

로빈후드만큼이나 눈여겨볼 기업으로는 이스라엘의 이토로 eTORO가 있다. 이들은 전 세계 140개국에서 1천만 명 이상의 이용자에게 주식, 채권, 암호화폐에 대한 투자를 지원한다. 핵심 기능은 소셜 트레이딩Social Trading이다. 이들은 다른 사람의 거래 내역을 보고, 그 사람이 보유한 종목을 그대로 복사해 사고팔 수 있게 했다. 초보 투자자나 큰 고민 없이 빠르게 투자하고 싶은 사용자의 경우 수익률이 높은 사람과 동일하게 포트폴리오를 구성할 수 있다. 별도의 운용 보수 없이 펀드에 돈을 맡기는 것과 유사하다.

한국에서는 최근 막대한 보수를 받으면서도 제대로 검증되지 않은 정보나 지식을 주는 소위 '리딩방'이라 불리는 서비스가 유튜브나 메신저를 통해 성행하고 있다. 심지어 제도권에 속한 애널리스트들도 텔레그램 채널을 통해 정보를 제공한다. 이에 금융감독원은 전문성이 검증되지 않은 사람들이 리딩방을 운영하고 있다며 주의를 요한다. 리딩방은 주식 종목에 대한 정보나 전문 투자자의 투자 방식을 알고 싶어 하는 고객의 요구가 커지면서 우후죽순 생겨났지만, 사실 체계적으로 서비스하는 곳은 거의 없는 실정이다. 그러나 이토로는 검증된 유명 투자자들의 성과를 따라 투자할 수 있는 서비스가 충분히 가능하다는 것을 보여준다.

뉴욕의 스타트업 스태시Stash도 재미있는 투자 서비스를 제공한다. 이들은 로빈후드보다 먼저 소수점 단위 주식 거래를 지원한 회사로 주식 수가 아니라 투자 금액을 기준으로 1센트 단위로 투자할 수 있도록 해 주머니가 가볍거나 처음 투자하는 사용자들의 눈길을 끌었다. 특히 스태시는 스톡백Stock-back이라는 독특한 리워드 프로그램을 제공한다. 이들은 스태시 카드를 쓰는 사용자에게 결제 포인트를 적립해주는 대신 해당 가맹점의 주식을 제공한다. 상장 회사에서 결제하면 대금의 0.125~5%가량에 상응하는 주식을 받는다. 예를 들어 애플에서 아이폰을 사면 해당 결제 금액의 3%만큼 애플 주식을 받고, 나이키에서 운동화를 사면 결제 금액의 2%만큼 나이키 주식을 받는다. 가맹점 입장에서도 고객이 회사의 주주가 되는 것이기 때문에 고객이 자신들의 제품과 서비스를 이용하게 하면서 브랜드에 대한 충성도도 높일 수 있다.

캘리포니아의 스타트업 에이콘스Acorns도 푼돈 투자 서비스를 제공한다. 이들은 반올림 투자Round-up Investment를 내세우며 거스름돈을 투자하는 금융 서비스다. 예를 들어 사용자가 카페에서 자신들의 서비스와 연계된 카드로 2.75달러의 커피를 구입하면 이를 반올림해 3달러를 결제하고 0.25달러는 자동으로 투자해주는 식이다. 사용자가 미리 설정한 투자 패턴이나 목표에 따라 투자한 금액을 자동으로 운용해준다. 안정적인 상품에 투자하도록 설정한 경우 저축하면서 이자를 얻는 효과를 누릴 수 있다. 현재 450만 명이상의 고객을 대상으로 2조 1천억 원(18억 달러)가량을 모아 운용하고 있다.

마지막으로 2008년에 설립된 로보어드바이저 서비스* 베터먼트Betterment는 26조 4천억 원(220억 달러)의 자금을 운용하고 있다. 세계 로보어드바이저 서비스 중 가장 큰 규모다. 이들은 0.25%의 낮은 수수료로 여러 시장의 주식에 자동으로 투자하는 서비스를 제공한다. 사람이 직접 관리하는 기존의 자산 운용 서비스보다 훨씬 운용 보수가 저렴하다 보니 많은 자금이 몰렸다.

---

* 로보어드바이저 서비스: 사람의 개입을 최소화하고, 대신 AI가 직접 자산을 관리해주는 자동화 서비스다. 국내에서는 2016년부터 증권사, 은행, 투자자문사 등이 이 서비스 기반의 금융 상품을 제공하기 시작했다.

카카오와 네이버는 어떻게 은행이 되었나

AI로 48시간 만에 집을 팔다, 오픈도어

집을 사고팔 때는 오가는 돈의 액수만큼이나 신경 쓸 것이 많다. 집을 사는 사람들은 원하는 매물을 찾아 일일이 발품 팔아야 하고, 집을 파는 사람들은 어느 정도의 가격이 최적일지를 고민해 여러 사이트에 매물을 올리고, 언제 집을 보러 올지 모르는 사람들에 대비해 집을 항상 깨끗하게 유지해야 한다. 이사 가려는 사람은 자신이 살던 집이 팔리지 않으면 막상 이사하지 못하거나 일단 살던 집은 비워둔 상태로 대출을 알아봐야 할 수도 있다.

미국에서는 이 문제가 더 심각하다. 미국은 한국과 달리 아파트보다 주택이 많다. 동일하게 생긴 집이 없다 보니 각각의 집에 대한 가격을 개별적으로 산정해야 한다. 집을 내놓는 사람은 자신의 집이 얼마인지 판단하는 것부터가 쉽지 않은 일이다. 이런 문제를 해결하기 위해 탄생한 기업이 오픈도어Opendoor다. 오픈도어는 부동산Property에 첨단 기술Technology을 접목한 프롭테크Proptech 기업으로, 현재 오픈도어뿐만 아니라 프롭테크 영역에서 핀테크를 결합한 새로운 서비스를 만들려는 움직임이 활발하다.

오픈도어는 자동화된 AI 알고리즘을 통해 집을 팔고자 하는 사람에게 적정 수준의 가격을 제시한다. 이후 집주인이 이에 동의하면, 실사를 거쳐 그 집을 구입한다. 그리고 낡거나 고장 난 곳을 고친 다음, 집을 알아보는 사람들에게 광고해 집을 판매한다. 이들은 AI를 통해 최대한 정확히 시세를 추정해 매물을 직접 보유하는 데 따른 재고 리스크를 감수하며 고객이 집 매매 과정에서 느끼게 되는 막대한 스트레스를 줄여준다. 오픈도어는 2020년 9월 5조 6,700억 원(48억 달러)의 기업가치로 SPACSpecial Purpose Acquisition Company(기업인수목적회사) 상장 계획을 밝히며 주식 시장 데뷔를 알렸다.

부동산 시장의 특성

—

2014년에 설립한 스타트업 오픈도어의 CEO 에릭 우Eric Wu는 부동산 투자를 통해 자수성가한 젊은 경영자다. 에릭은 사회복지사인 어머니 밑에서 여동생 둘과 함께 자랐다. 이른 나이에 돌아가신 아버지 대신 어머니는 홀벌이로 최대한 돈을 아끼며 생계를 꾸렸다. 그런 그의 어머니에게는 한 가지 철칙이 있었는데, 바로 월세를 내며 살지 않겠다는 것이다. 작은 집에 살지라도 '내 집'에서 살고자 했다. 월세를 내는 게 담보 대출을 받아 은행에 이자를 내는 것보다 더 아깝다고 여겼다. 이런 생각은 에릭에게도 많은 영향을 끼친다.

대학 진학 후, 에릭은 차곡차곡 장학금을 모은다. 프로그래밍이 취미였던 그는 주말에는 웹 사이트를 만드는 아르바이트를 하며 1~2년 만에 2,300만 원(2만 달러)가량을 모았다. 에릭은 이 돈을 보증금 삼아 학교 캠퍼스 근처에 있는 방이 세 개인 집을 계약했다. 그런데 혼자 살기에는 너무 큰 집이라 나머지 두 방은 다른 사람들에게 월세를 줬다. 보증금이 많지 않으니 월세는 조금 더 높게 받을 수 있었고, 그 돈으로 자신의 월세와 생활비를 해결했다.

이후에도 에릭은 여러 일을 하면서 모은 돈 1억 3천만 원(11만 달러)으로 45평(1,600제곱피트)쯤 되는 단독 주택을 매입했다. 그리고 큰 방을 반으로 나누고 차고를 방으로 개조해 총 세 개의 작은 방을 갖춘 집으로 재탄생시킨 뒤, 이전과 마찬가지로 하나는 자신이 살고, 나머지 둘은 다른 사람에게 임대했다. 여기서 나아가 이 집을 담보로 대출을 받고 새로운 집을 사는 등 점차 부동산을 확장해갔다. 이런 방식으로 그가 소유하게 된 집이 무려 20채가 넘었다.

사실 어린 나이에 신용불량자가 될 수 있을 정도로 큰 위험을 감수해야만 한 투자였지만 다행히 당시 부동산 경기가 나쁘지 않왔다. 자신감을 얻은 그는 자신의 취미였던 프로그래밍 일에 그간의 부동산 투자 경험을 녹여 스타트업을 시작하기로 한다. 그가 처음으로 만든 서비스는 집에 대한 리뷰를 남길 수 있는 플랫폼 '렌트어드바이저Rent Advisor'다. 이는 자신이 직접 살아본 집에 대한 주거 경험을 남기는 서비스다. 이와 함께 주택의 최근 범죄에 대한 통계, 통근 시간, 주변 부동산 가격 등 각종 데이터를 제공하는 서비스 모비티Movity도 만들었다. 에릭은 렌트어드바이저와 모비티를 각각 서로 다른 온라인 부동산 매물 중개 서비스에 매각하면서 엑싯(투자회수) 경험도 쌓는다.

오픈도어의 시작은 이 두 사업을 마무리한 다음 해인 2014년이다. 부동산 시장은 사실 지나가다 보면 너무 쉽게 부동산 중개 업소를 볼 수 있을 만큼 큰 규모지만, 여전히 많은 사람들에게 집을 사고파는 것은 번거롭고 힘든 일이다. 집을 사고자 하는 사람은 수십 채의 집을 직접 돌아다니면서 자신이 딱 원하는 집을 발견해야 하고 집을 팔고자 하는 사람은 자신의 집을 원하는 사람을 만나야 거래가 성사될 수 있다. 집주인 중에는 부동산 중개 업자의 조언을 듣고 페인트칠을 다시 하고, 주방을 수리했음에도 몇 달간 집이 팔리지 않아 고생하는 경우도 있다. 이 시장에서는 매수인, 매도인 모두가 너무나 힘겹게 움직이고 있는 것이다.

에릭은 둘 사이의 이런 불편함을 없애고자 집을 팔고자 하는 사람에게 직접 집을 사서 수리한 뒤 사람들이 살고자 하는 집으로 더 가치를 높여 판매하는 사업을 구상한다. 그렇게 되면 집을 팔

카카오와 네이버는 어떻게 은행이 되었나

고자 하는 사람은 빨리 집을 팔 수 있고, 오픈도어는 어느 정도 품질이 보장된 매물을 고객에게 보여줄 수 있으며, 집을 사고자 하는 사람은 좋은 매물을 살 수 있어 모두를 만족시킬 수 있으리라 확신했다.

오픈도어가 집을 사고파는 방식

그렇다면 오픈도어의 수익은 무작정 집을 싸게 사서 비싸게 파는 것에서 발생하는 것일까? 그렇지 않다. 이들은 집 가격을 공정하게 측정한다. 대신 부동산 매매 시 발생하는 중개 수수료로 돈을 번다. 미국은 주에 따라 차이가 있지만, 평균적인 부동산 매매 중개 수수료는 6%로 높은 편이다. 오픈도어는 이 부동산 매매 중개 수수료 6%와 오픈도어 서비스 이용 명목으로 받는 수수료 1.5%로 돈을

부동산 매매의 새로운 패러다임을 이끈 오픈도어는 중개인이 집을 사들인 다음 구매자에게 되파는 방식이다.

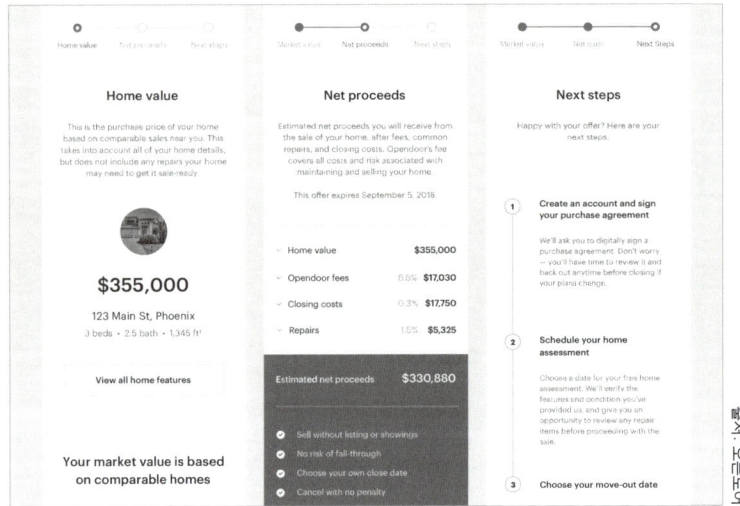

출처: 오픈도어

오픈도어의 '내 집 팔기' 서비스는 기본적인 집 정보만 입력하면 48시간 이내로 AI와 지역 전문가를 통해 집의 가치를 평가한 리포트를 제공한다. 평가받은 가격을 수락하면 오픈도어의 실사 과정이 시작된다. 3일 만에 집을 팔고 대금을 받은 경우도 있다.

번다.

    오픈도어에 집을 팔기 위해서는 우선 오픈도어로부터 예상 가격을 평가받아야 한다. 이를 위해서 집 주소 등 기본적인 정보를 오픈도어에 제공하면 오픈도어는 최근 거래된 주변 집들의 시세 정보를 수집해 해당 집과 유사한 집을 추린다. 예를 들어 면적이 어느 정도이고, 지어진 지 얼마나 됐고, 몇 층에 해당하는지, 방이 몇 개고, 어떤 시설이 집 주변에 존재하는지 등 다양한 관련 정보를 모은다. 이후 유사하다고 판단되는 몇몇 집의 거래 가격을 해당 집과 비교해서 적정 시세를 도출한다. 그리고 부동산 매매 시기나 최근 거래 흐름과 같은 시장 경기 요소를 반영한다.

견적 측정 과정은 사람이 진행하지 않는다. AI 알고리즘을 통해 자동으로 수행되고 최종 견적 확정 시에만 해당 지역에서 오랫동안 부동산 매매를 해온 전문가가 확인한다. 오픈도어에 서비스를 신청한 집주인은 최대 48시간 이내에 가격을 받아볼 수 있다. 빠르면 3시간 만에 적정가가 산출되기도 한다.

집주인은 예상 가격을 받아본 후, 오픈도어의 실사 과정을 진행할지 말지를 판단한다. 만약 가격이 지나치게 낮다고 판단되면 오픈도어에 판매를 거부하거나 집에 대한 정보를 추가로 제공해서 전달하면 재심사를 요청할 수 있다. 해당 가격이 적정한 수준이라 판단되면 오픈도어에 실사를 요청하면 된다. 그러면 오픈도어 직원이 집에 방문해 집주인이 제공한 집 정보와 실제 집이 동일한지 확인한다. 이때 수리가 필요한 부분이 있다면 가격을 일부 하향 조정하고, 최근 집을 수리한 부분이 있다면 가격을 상향 조정하면서 집주인과 협상 과정을 거쳐 최종적인 가격을 결정한다.

오픈도어에 집을 팔기로 결정했다면 집주인은 자신이 이사 갈 날짜만 오픈도어에 알려주면 된다. 그러면 부동산 중개 수수료 6%와 오픈도어 서비스 이용 수수료 1.5%,* 총 7.5%를 차감한 금액이 집주인에게 바로 입금된다. 차감되는 총 수수료가 높나고 생각할

---

* 이 수수료는 계약에 따라 차이가 있다. 빠르게 집이 팔릴 것으로 예상되면 낮은 수수료가, 시간이 많이 소요될 것으로 예상되면 수수료가 높게 책정된다.

수 있지만, 집을 팔고 대금을 지급받는 데 빠르면 48시간, 길어도 2주 이내에는 이 모든 과정이 마무리된다는 점을 고려하면 합리적이다. 또한 집을 보겠다며 모르는 사람들이 집에 들락날락하는 귀찮은 일도 없고, 집이 팔리지 않으면 어떻게 하나 전전긍긍하지 않아도 되며, 원하는 날짜에 이사할 수 있다는 장점이 있다.

오픈도어는 집주인이 이사를 하면 그때부터 집수리를 시작한다. 페인트칠을 하기도 하고, 카펫을 교체하고, 보일러 시설을 손보기도 한다. 인테리어를 통해 이전보다 좋아진 집을 사진을 찍어 오픈도어를 비롯한 연계 서비스에 노출한다. 빈집이기 때문에 언제든 집을 보고자 하는 사람들에게 집을 보여줄 수 있다. 이미 인테리어나 리모델링이 들어간 집이라 집의 가치는 오픈도어가 구입했을 때보다 더 높아 더 좋은 가격에 팔린다. 최근 조사에 따르면 오픈도어는 자신들이 집을 샀을 때보다 평균 1,300만 원(1만 1천 달러)가량 더 높은 가격에 집을 판매한다.[32]

만약 집을 판매하지 못하게 되더라도 이에 대한 리스크는 오픈도어가 진다. 일반적으로 3개월 이내에 집을 판매하는 게 목표지만, 거래가 잘 안 될 때는 오픈도어가 매입한 가격보다 판매 가격을 낮춰야 하는 위험도 있다. 갑자기 홍수나 허리케인 같은 자연재해가 발생할 경우도 그렇다. 다행히 오픈도어는 이런 위험을 상쇄하기 위해 대출 상품으로 영역을 넓히며 사업 범위를 확장하고 있다. 주택이 어느 정도의 가치를 갖고 있는지 평가할 수 있는 역량을 토대로 이를 담보 삼아 대출 상품을 직접 제공하기 시작한 것이다. 이들은 2019년 8월 대출 상품을 제공하기 위한 별도의 자회사를 설립하고, 주택 구매를 고려하는 사람들과 집을 보유한 사람들을 대상으로 주택담보 대출 상품을 선보이고 있다.

AI 기반 가치 평가를 위한 새로운 시도들
—

오픈도어 사업 모델의 큰 문제점은 매입한 집이 팔리지 않으면 엄청난 돈이 묶일 뿐 아니라 상당한 손실을 볼 정도로 리스크가 크다는 것이다. 그러므로 여러 변수에 대해 매우 정확한 수준의 추정 역량이 필요하다. 우선 매물에 대한 적정가는 물론이고, 해당 매물의 판매까지의 소요 기간, 예상 판매 시점에서의 가격, 최대 효용을 도출하기 위한 주택 수리 범위 등 예측해야 할 요소들이 많다. 또한 이를 잘 판단하기 위해서는 결괏값에 영향을 주는 요인들을 추리고 상당한 수준으로 데이터를 모아 정교하게 모델링해야 한다. 예측이 잘못될 경우 자칫 주택 매입 가격, 수리비, 이자 비용 등을 모두 날릴 수 있다. 추정 모델에 대한 신뢰도가 충분히 높아야 이를 기반으로 다양한 사업을 펼칠 수 있다.

그런데 이는 생각보다 쉽지 않은 일이다. 오픈도어도 순조롭게 사업을 수행해오다가 최근 코로나 사태로 전체 직원의 35%가량을 해고해야 하는 위기를 겪었다. 창업한 지 6년 정도 된 이들의 데이터에는 수십 년에 한 번 발생할 만한 수준의 경제 침체가 가치 평가 모델에 반영되어 있지 않았기 때문이다. 대부분의 사람이 외출을 자제하다 보니 집을 보러 다니는 일도 자연스럽게 줄면서 미국의 주택 거래가 전년 대비 15%가량 감소했다.[33] 결국 오픈도어는 2020년 3월 지나치게 높아진 재고 위험에 따라 주택 매입 자체를 일시 중단했다. 직원도 3분의 1가량을 내보내고, 임원들은 2020년 임금을 포기하는 아픈 결정을 했다.

대대적인 결정 후 두 달이 지난 5월부터 오픈도어는 주택 매입을 다시 시작했다. 이사에 대한 수요는 항상 존재하니 경기가 나아지면 점차 거래량이 회복할 것이라는 판단이었다. 이전처럼 빠르게 집이 팔릴 수 있을지에 대한 불확실성은 여전히 존재하지만, 사업은 지속 가능하다 여긴 것이다. 대신 주택 판매 과정에서 코로나 확산을 방지하기 위해 온라인 쇼룸을 적극적으로 활용하기로 시작한다.

오픈도어는 위기에 맞서 AI 기술을 활용한 새로운 가치 평가 역량을 점차 넓혀가고 있다. 시간이 흐름에 따라 여러 변수를 직접 경험하면서 미래에 대한 예측 기술은 점차 고도화될 것이다. 최근 코로나 사태 역시 오픈도어에는 혹독한 시련이었지만, 길게 보면 추후 등장하는 신생 기업들은 겪어보지 못한 경험 데이터를 확보하며 경쟁 우위를 쌓을 수 있는 밑거름이 될 것이다. 부동산 분야에서는 오픈도어 외에도 미국 시애틀 주의 질로우Zillow, 애리조나 주의 오퍼패드Offerpad 등이 AI 기반 가치 평가 기술을 고도화하며 사업을 확장하고 있다.

중고차 분야에서도 자동화된 가치 평가 기술을 통한 변화가 활

카카오와 네이버는 어떻게 은행이 되었나

발하게 이뤄지고 있다. 차량 모델, 연식, 주행 거리, 옵션, 이전 운전자의 운전 습관, 사고 여부에 따라 상당한 가격 차이가 발생하는 중고차는 부동산만큼이나 정확한 시세를 산출하는 게 어렵다. 이에 중고차에 대한 가격 추정 알고리즘을 개발하고 이를 고도화하며, 차량을 직접 매입하고 판매하거나, 매매를 중개하는 회사가 생겨나고 있다. 이들은 중고차 대출, 보험 판매와 같은 영역으로도 진출한다.

가장 앞선 곳은 호주의 카세일즈닷컴CarSales.com으로 오픈도어와 유사하게 차량 소유주가 정보를 제공하면 즉시 가치 평가를 거쳐 현금으로 차량을 매입하는 서비스를 제공한다. 정보를 분석해 즉시 예상 매입 가격을 제시하고, 이후 실사를 거쳐 바로 돈을 지불하는 형태다. 카세일즈닷컴은 손상된 부분이 있으면 이를 수리하고, 상품화하는 과정을 거쳐 차량을 산 가격보다 더 높은 가격으로 판매한다.

영국의 오크노스OakNorth는 중소기업을 대상으로 하는 대출 심사에서 AI를 적극적으로 활용하고 있는 챌린저 뱅크다. 이들은 자체 AI 플랫폼을 구축해서 중소기업 대출 과정에 필요한 다양한 의사결정을 머신러닝을 통해 수행한다. 특히 물리적 담보가 없는 신생 기업일지라도 지적재산권이나 기술의 잠재적인 수익 창출 역량을 평가해 빠른 기간 내에 대출을 집행한다. 이 과정은 사람이 평가에 개입하는 것이 아니라 오크노스가 개발한 자동화된 툴에 의해 진행되는 이점이 있다.

보험을 다시 쓰다,
레모네이드

보험은 정말 큰 산업이지만 그 어느 곳보다 보수적인 영역이기도 하다. 미국의 비즈니스 잡지 〈포춘〉에 소개된 500대 기업 중 보험 회사는 52개로 전체의 약 10%지만, 이들 중에는 100년 이상 된 큰 기업들이 상당수다. 그들은 거대한 산업 규모만큼이나 웬만해선 잘 변화하려 하지 않는다. 어차피 보험 사업은 많은 규제로 막혀 있고, 사업을 새로이 하기 위해서는 막대한 자본이 필요하기에 신생 기업이 치고 들어갈 여지 자체가 적어 거대 기업들이 굳이 먼저 움직일 이유가 없다.

영국 출신 변호사 다니엘 슈라이버Daniel Schreiber는 오히려 이러한 보험 산업 구조가 기회라 생각했다. 그가 생각하기에는 모든 사람이 보험에 가입하고 있지만, 대부분 보험사를 필요악이라 여기는 것 같았다. 하지만 이런 소비자의 불만족에도 불구하고 보험 산업에서 혁신을 위한 시도는 거의 없었다. 그는 제대로 된 보험 상품과 서비스가 있다면 전통적인 보험사에 반감을 가진 고객들을 단기간에 흡수할 수 있으리라 생각했다. 비록 다니엘은 보험에 대한 경험이 전무했지만, 오히려 보험에 대해 아무것도 모르고 있기에 고객 입장에서 더 합리적인 보험을 만들 수 있을 것 같았다. 이것이 레모네이드Lemonade의 시작이었다.

그는 자신의 생각을 바로 실천으로 옮겼다. 친구들과 함께 조그만 방에 갇혀 보험이 어떻게 작동하는 것이 가장 이상적일지를 한 달 동안 화이트보드에 스케치했다. 그리고 몇 달간은 보험 산업이 현실에서 어떻게 움직이고 있는지를 공부했고, 이후 이 둘 사이의 간극을 없애기 위한 여정을 시작했다.

보험은 왜 속고 속이게 됐나

—

다니엘이 보험을 바꾼 방식을 이해하기 위해 먼저 보험사가 어떻게 돈을 버는지부터 살펴보자. 보험사는 크게 세 가지 방식으로 수익을 얻는다. 위험률 차익, 사업비 차익, 이자율 차익이다. 이런 용어는 보험업에 종사하는 사람이 아니라면 낯설게 느껴질 수 있기 때문에 좀 더 상세히 기술하고자 한다.

보험사에서는 고객의 보험료를 책정하기 위해 세 가지를 고민

한다. 첫째, 보험 가입자에게 보험금을 지급해야 할 사건이 얼마나 발생하는지다. 이를 전문 용어로는 위험률이라고 한다. 보험사에서는 예상되는 위험률보다 관련 사건이 조금 더 많이 발생할 수 있다고 가정하고 약간의 버퍼Buffer를 더해 '예정위험률'이라는 값을 도출한다. 예를 들어 평균적으로 보험금을 지급해야 하는 사건이 발생할 확률이 50%라고 한다면, 이때 위험률을 발생 확률과 똑같이 50%로 계산해서 보험료를 책정할 경우 50%의 확률로 보험사가 손해를 입게 된다. 그러면 보험사는 안정적으로 보험 사업을 할 수 없게 된다. 따라서 위험률을 발생 확률보다 약간 할증해서 예정위험률이라는 값을 책정하는 것이다.

두 번째는 보험 계약을 체결하고, 이를 유지하는 데 돈이 얼마나 발생하느냐다. 보험사가 고객을 모으려면 여러 마케팅 채널을 활용하거나 보험 대리인에게 수수료를 줘야 한다. 고객이 보험에 가입하면 보험료를 받기 위한 청구 작업도 해야 하고, 보험금을 지급하기 위해 사람과 사무실 등 기타 제반 비용도 필요하다. 이를 사업비라고 부르는데, 보험사는 향후 쓰게 될 것으로 예상되는 사업비를 추정해 예상사업비를 도출한다.

마지막은 돈의 시간적 가치다. 예를 들어 오늘 받은 1만 원은 내년에 받은 1만 원보다 더 높은 가치를 지닌다. 오늘 1만 원을 은행에 입금해두면 그만큼의 이자가 붙기 때문이다. 이에 보험사는 향후에 고객으로부터 보험료를 받고, 추후에 보험금을 지급한다고 했을 때 각각의 시점에서 시간에 따른 돈의 가치 변화를 고려해 이

카카오와 네이버는 어떻게 은행이 되었나

자율을 계산한다. 이는 통상 시중 금리를 기준으로 하는데, 시중 금리는 변동성이 있어 이보다 보수적으로 판단해 시중 금리보다 약간 낮게 예정이자율 값을 설정한다.

이렇게 세 값을 기반으로 보험사는 보험 상품을 설계하고 보험료를 측정해 고객에게 판매한다. 여기서 시간이 지나면 이들 세 값은 실제 값과 차이를 보이게 되고 그 차액만큼이 바로 보험사의 손익이 된다. 예정위험률보다 고객에게 보험금을 지급해야 하는 사건이 더 적게 발생하면 위험률 차이로 인한 이익인 '위험률차 이익'이 발생하고, 고객이 직접 보험사 홈페이지에서 보험에 가입한 비율이 높아지면 마케팅비나 보험 설계사 수수료가 줄어들어 사업비 차이로 인한 이익인 '사업비차 이익'이 발생한다. 기준 금리가 높아져 이자가 많아지면 이자율 차이로 인한 이익인 '이자율차 이익'이 발생하는 식이다.

여기서 이자율차 손익은 보험사 입장에서는 각 국가의 중앙은행에서 정하는 기준 금리에 달린 경우가 많아 보험사에서 통제할 수 있는 여지가 제한적이다. 그래서 통상 보험사는 위험률차 손익이나 사업비차 손익을 관리하는 데 많은 공을 들인다. 보험사는 사업비차 손익을 남기기 위해 가능한 한 다이렉트 채널을 활용해 인건비를 절감하거나 외부의 보험 대리인에게 지급하는 수수료를 관리하는 등 여러 노력을 한다.

하지만 위험률차 손익은 보험 가입자에게 보험금을 적게 줘야만 돈을 남길 수 있기 때문에 보험사와 보험 가입자의 이해관

당신이 알던 보험은 잊어라. 앱과 웹을 통해서만 가입할 수 있는 레모네이드에 고객이 납부하는 보험료는 타 보험사 대비 최대 80%까지 낮은 것으로 알려졌다.

계가 정면으로 상충하는 문제가 발생한다. 고객 입장에서는 자신이 낸 보험료를 최대한 보험금으로 많이 타야 이득이니 문제가 생기면 그 즉시 보험금 청구를 하고, 더 많은 금액을 청구하려 한다. 병원에 가서 치료를 받더라도 보험에 가입되어 있으면 몇몇 항목에 대한 진료를 추가로 더 보거나 더 오래 치료받는 경우가 발생할 수 있다. 병원 입장에서도 매출을 늘리기 위해 보험에 가입되어 있는 환자에게 더 많은 항목을 치료받도록 부추길 여지가 있다. 크게는 고의로 사고를 내어 허위로 진료받는 보험 사기까지 발생할 수 있다.

이에 보험사는 최대한 고객들의 보험금 청구를 거절하거나 보상 액수를 낮춰야 한다. 그래서 보험 가입 절차는 매우 간단하지만,

보험금 청구 절차는 온갖 서류들을 요구하며 매우 복잡하게 만든다. 귀찮고 복잡한 과정을 거쳐 힘겹게 보험금을 청구한 고객에게는 다른 의사의 소선서를 내미는 등 여러 방법으로 지급을 늦추면서 소송전으로 넘어가게 유도하는 경우도 있다. 보험금을 많이 받아 가거나 보험금을 자주 청구하는 고객에 대해서는 보험 갱신을 거절하기도 한다.

이렇게 되면 보험사와 보험 가입자는 서로가 서로를 악의적인 상대로 여기며, 더 많은 사회적 비용을 야기하는 비극이 발생한다. 보험사는 보험료를 최대한 많이 올려 위험에 대비하려 하고, 보험 가입자는 자신이 낸 보험료를 조금이라도 더 받기 위해 자신의 상태를 속이거나 과도한 보험금을 청구하는 것이다.

80% 저렴하게, 90초 이내에 가입하기

—

레모네이드는 보험의 이런 부정적 속성을 바꾸고자 했다. 모두를 잠재적 범죄자로 만드는 체계 대신 보험의 투명성을 높이고 보험사와 고객이 서로 믿을 수 있게 만든다면 여러 사회적인 비효율을 제거할 수 있을 것 같았다.

이들이 택한 방법은 보험사가 위험률차 손익을 과감하게 포기하는 것이다. 더 많은 위험률차 이익을 보기 위해 많은 보험사는 온갖 치사한 방법으로 보험 가입자에게 보험금을 지급하지 않으려

애쓴다. 보험 가입자 역시 보험금을 청구하지 않으면 결국 보험사 배만 불려준다는 생각에 과도한 청구를 하기도 한다. 레모네이드는 이런 생각들이 서로의 불신만 키우게 된다고 보았다.

이에 레모네이드는 위험률차 이익을 과감히 포기한다. 다만 포기한 이익을 고객에게 환급하는 것은 법적 제약이 있어 그만큼의 금액을 자선단체에 기부하기로 한다. 고객이 보험금을 청구했을 때 고객에게 보험금을 주지 않는다고 해서 회사의 이익이 되는 것이 아니라 어차피 모두 기부되는 구조이니 레모네이드 입장에서도 굳이 애써 버텨가며 고객에게 보험금을 지급하지 않을 이유가 없어졌다. 때문에 예상위험률을 과도하게 책정할 필요도 사라졌다. 고객도 자신이 받지 못한 보험금이 레모네이드에 돌아가는 것이 아니라 좋은 곳에 기부되는 것이기에 과도하게 청구하는 사례도 줄었다.

또한 모든 서비스를 온라인을 통해 제공하면서 사업비를 최소한으로 줄였다. 오프라인 지점 대신 레모네이드의 웹과 앱을 통해 직접 보험을 팔고, 이후 관리도 최대한 사람의 손을 덜 거치게 설계했다. 레모네이드가 처음 사업 모델을 구성하던 당시 보험사의 고객 획득 비용을 조사해보니 보험사가 직접 고객에게 보험을 판매하면 평균 487달러, 별도의 보험 대리점GA*에 속한 설계사들을

• 독립보험대리점GA, General Agency: 여러 보험 상품을 모아 종합적으로 판매하는 대리점으로 여러 보험 설계사가 고객을 모아 보험 상품을 영업해 계약한 후 보험사로부터 수수료를 얻는다.

통해 고객을 유치하면 평균 792달러가 발생했다. 막대한 돈이 사업비로 쓰이고 있었던 것이다.[34]

그래서 레모네이드는 웹과 앱을 통해서만 고객을 유치한다. 텔레마케터나 외부 보험 설계사를 통한 영업도 진행하지 않는다. 서비스 운영에 필요한 여러 과정을 대부분 디지털화된 방식으로 처리하니 보험 계약이 늘어남에 따라 추가로 발생하는 비용이 거의 없다. 대신 레모네이드는 자신들이 보험 가입자로부터 받는 보험료의 20%를 사업비로 설정했다. 즉, 보험 서비스를 제공하는 것에 대한 정률 수수료만 받는 것이다.

이러니 굳이 고객들에게 보험료를 비싸게 받을 필요가 없게 됐다. 레모네이드가 처음 내놓은 보험 상품은 주택의 화재, 붕괴, 도난과 관련한 주택 보험이었는데, 임차인의 경우 평균 7달러, 임대인의 경우 월 57달러 수준으로 보험료가 책정됐다.[35] 2016년 당시 유사한 주택 보험의 평균 보험료가 월 143달러였음을 고려하면 믿기 힘든 수준이다.[36] 조사에 따르면 레모네이드의 보험료는 타 보험사 대비 80%가량 낮다.[37]

고객이 보험에 가입하고, 보험금을 청구하는 과정 역시 놀라웠다. 레모네이드 앱을 다운받은 후, 마야Maya 또는 짐Jim이라는 챗봇에 말을 걸면 모든 과정을 쉽게 진행할 수 있다. 보험에 가입하려는 고객도 챗봇과의 상담을 통해 보험료를 제시받는다. 챗봇은 고객의 주소, 임대인/임차인 여부, 집 내부의 화재 경보 시설, 가입 고객의 나이 등을 묻고, 건축 시기, 화재 이력, 주변 지형, 근처 소방

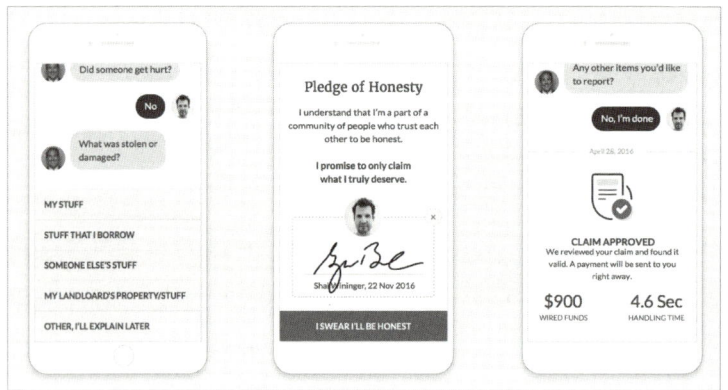

출처: 레모네이드

레모네이드는 챗봇을 통해 쉽게 보험에 가입하고, 보험금을 청구할 수 있다. 별도의 서류 작성은 존재하지 않는다. 챗봇의 질문에 답만 하면 된다.

서까지의 거리 등 다양한 관련 정보를 자동으로 분석한 후 월보험료와 보장 사항, 비보장 사항을 제시한다. 고객이 비보장 사항 중 추가로 보장하고 싶은 내역이 있다면 이를 선택한 후 결제카드 정보를 입력하면 끝난다. 이 모든 게 90초면 충분하다.

보험금 청구는 훨씬 간단하다. 심지어 보험금 청구를 위한 서류 작성 과정도 필요 없다. 예를 들어 맥북이 파손된 경우, 챗봇은 언제 맥북이 파손됐고, 누가 그런 것인지, 대략 언제 얼마에 샀는지 등 몇 가지 질문을 한다. 그러면 고객은 질문에 답하고 자신이 답한 내용을 확인한 후, 카메라를 통해 입력했던 내용을 말로 설명하며 녹화하면 보험금 청구가 끝난다. 보험금 심사는 아주 예외적인 경우를 제외하고는 청구 후 몇 초 이내에 끝나고 그 즉시 통장으로 돈이 입금된다.

한 고객이 979달러짜리 캐나다 구스 패딩을 잃어버려 보험금 청구를 신청한 후 3초 만에 보험금을 받아 세계 기네스북에 등재되기도 했다.[38] 잃어버린 패딩을 일주일 동안이나 찾았지만, 이를 찾지 못한 고객은 결국 레모네이드에 보험금을 청구했는데, 돈이 3초 만에 입금됐다. 그가 레모네이드 앱을 통해 보험금 청구를 하기 위해 정보를 입력하는 데에 1분 남짓 소요된 것까지 포함해도 총 소요 시간은 고작 1분 3초다. 신청 내용을 확인한 레모네이드는 '제출 버튼'이 클릭되자마자 18개의 사기 방지 알고리즘을 실행해 바로 승인한 뒤 은행 계좌로 돈을 송금했다. 이 과정이 정확히 3초 만에 끝났다.

레모네이드가 그리는 보험의 미래

—

레모네이드가 포기한 위험률차 이익의 기부금은 2017년 5,800만 원(5만 달러), 2018년 1억 9천만 원(16만 달러), 2019년 7억 4천만 원(63만 달러)으로 매년 세 배 이상 늘어나고 있다. 손익에 크게 기여할 수 있는 위험률차 손익을 과감하게 사회에 환원하는 비즈니스 모델을 통해 레모네이드는 고객과의 이해관계 상충 문제를 해결하며 기존 보험 회사와 차별성을 가졌다. 고객은 번거로운 과정 없이 신속하게 청구한 금액을 받을 수 있고, 보험료 자체도 워낙 저렴하다 보니 집주인이 세입자에게 주택 보험을 제공하거나 세입자가 의무적으로 주택 보험에 가입하는 경우도 점차 늘고 있다. 2020년 1분기 기준 레모네이드의 고객은 73만 명으로, 전년 동기 대비 96% 성장했다. 이들은 2020년 7월에는 뉴욕증권거래소에 상장했는데, 상장 첫날 주가가 139%가량 급등하기도 했다. 공모가는 주당 29달러였으나 한때 96달러까지 치솟았다.

레모네이드가 이처럼 높은 가치를 인정받는 중요한 이유는 현재 레모네이드의 보험 가입자 70%가 35세 이하라는 점이다. 앱을 통해 쉽게 가입할 수 있고, 보험료가 워낙 저렴하다 보니 젊은 고객층이 많다. 이런 요소는 보험 가입 후 해지율을 높게 만들기는 하지만, 향후 다양한 상품으로 확장할 수 있는 가능성이 크다는 장점이 있다.

2020년 7월 레모네이드는 애완동물 보험으로 서비스를 확장했다. 기존 보험 가입자는 간단한 절차를 통해 추가로 애완동물 보험에 가입할 수 있다. 이제 겨우 주택 보험과 애완동물 보험 두 종류의 보험 상품만 나온 만큼 레모네이드는 앞으로 건강 보험, 자동차 보험 등 확장 가능한 영역이 많다. 지역적으로도 2016년 뉴욕주에서 사업을 시작한 이후, 미국 전역으로 사업을 확장했고 독일, 네덜란드, 프랑스 등 유럽 전역으로도 서비스를 넓혀가고 있다.

레모네이드는 AI 기술과 고객 행동에 대한 이해를 바탕으로 자신들이 보험의 이미지를 선하게 만들 수 있다고 믿는다. 보험사는 사회적으로 아주 중요한 역할을 수행함에도 불구하고, 보험료 산

정과 보험금 지급의 투명성 문제로 고객과 이해 상충 문제가 있고, 이에 산업 전반에 대한 부정적인 인식이 있다. 그러나 레모네이드 는 고객에게 지급해야 할 보험금을 자신들의 이익으로 남기지 않 는 구조를 통해 고객 역시 구태여 보험금 청구를 과도하게 부풀리 지 않게 만들고 있다. 그리고 레모네이드도 이런 신뢰를 기초로 굳 이 고객에 대한 의심을 전제하며 보험금을 늦게 지급할 필요가 없 다고 생각한다.

레모네이드의 CEO 다니엘은 보험금을 받아 갔음에도 추후 이 를 반납하는 고객들의 사례도 있다고 전했다.[39] 레모네이드에는 물건을 분실한 뒤 이에 대한 보험금을 청구해 돈을 받아 갔다가 이 후 이 물건을 다시 찾아 받은 보험금을 레모네이드에 다시 돌려주 는 경우가 종종 있다. 실제로 한 사용자는 노트북을 잃어버리고 보 험금을 타 갔는데, 몇 주 후 이를 처가에 두고 왔음을 알게 된다. 그 는 자선 단체에 가야 할 돈을 괜히 자신이 뺏고 싶지 않다며 보험 금을 반납했다. 기존 보험사에서는 좀처럼 보기 힘든 모습이 레모 네이드에서는 일어나고 있는 것이다.

또한 AI 기술이 점차 고도화되면서 더 빠르게 보험료를 제시하 고, 보험금 청구 과정에서 일부 발생하는 보험 사기를 적발하는 기 술 역시 개선되고 있다. 미국 뉴스에서는 종종 레모네이드에서 가 짜 구매 영수증으로 보험금을 타내려고 하다가 적발돼 기소되는 사례를 볼 수 있다. 이들은 기술 고도화와 방대한 양의 데이터 축 적을 통해 인간이 직접 자료 조사나 육감으로 보험 사기를 잡는 것보다 훨씬 더 정확하게 업무를 수행하고 있다.

인슈어테크, 보험을 바꾸다

———

레모네이드와 같이 여러 IT 기술을 활용해 보험 산업을 바꾸는 회사들을 인슈어테크Insurtech 기업이라 부른다. 즉, 보험Insurance과 기술Tech을 결합한 표현이다. 그간 큰 변화 없이 보수적으로 머물러 있던 보험 회사들은 최근 인슈어테크 기업들의 공세에 놀라고 있다. 빅데이터, AI 등 여러 기술을 앞세운 혁신적인 금융 상품들은 전통적인 보험 회사들의 상품과 영업 방식을 바꾸도록 강제하고 있다. 이들은 단순히 편리한 수준을 넘어 보험 상품 자체가 다를 뿐 아니라 제공되는 방식도 기존 기업들이 모방할 수 없는 수준이다. 앞서 본 레모네이드의 사례 역시 전통적인 보험 회사가 유사한 상품을 내기 위해서는 IT 기술뿐 아니라 전체 비즈니스 체계를 뜯어고쳐야만 한다. 이처럼 오랜 역사를 지닌 보험 회사들이 혼란을 겪는 사이, 여러 인슈어테크 기업은 새로운 형태의 보험을 개발하며 시장에 변화를 만들고 있다.

중국의 인슈어테크 시장은 확실히 앞서 있다. 중국에서는 알리바바, 텐센트, 바이두 등 대형 IT 회사들이 주축이 돼 보험업에 변화를 일으켰다. 앞서 앤트그룹의 사례에서 살펴본 온라인 쇼핑 반송비 보험, 온라인 상호보험 서비스 상호보의 사례 외에도 일상생

카카오와 네이버는 어떻게 은행이 되었나

활의 다양한 위험을 보장하는 보험들이 저렴한 보험료로 제공된다. 이런 보험들은 고객이 자주 사용하는 IT 서비스에 노출되어 고객이 필요할 때 쉽게 가입해 이용할 수 있도록 한다. 예를 들어 중국의 보험사 OK자동차보험은 교통이 혼잡하거나 사고가 발생해 일정 시간 이상 속도를 내지 못하고 운전할 경우 보상하는 교통 체증 보험, 주차 위반으로 과태료가 발생했을 때 과태료를 포함한 제반 비용을 지급하는 주차 위반 보험 상품을 제공한다. 화하이华海保险보험에서는 필러주사 부작용을 보장하는 필러주사 보험을 선보이고 있다. 그간 기존 보험 상품들의 판매 체계에서는 제공하기 어려웠던 생활 밀착형 상품들이 널리 개발되고 판매되고 있는 것이다.

미국의 스타트업 트로브Trov도 스마트폰, 노트북, 자전거, 스키 등 물건에 대한 보험 상품을 원하는 기간만큼 가입할 수 있는 서비스를 제공한다. 고객이 자신의 상황에 맞게 보험 가입을 요청하면, 이를 AI가 분석해서 보험료를 즉시 제안하는 형태다. 쉽게 말해 카페에서 커피를 마시며 일하는 그 시간 동안 스마트폰이나 노트북 보험에 가입할 수 있다. 최근 이들은 공유 차량을 대상으로 보험을 선보이기도 했다. 이 보험은 실시간으로 해당 차량으로부터 운행 정보를 받아 운전자가 보험료를 절약할 수 있게 해준다. 운전 중에는 보험료를 제값에 받되, 운전하지 않고 주차하고 있을 때는 보험료를 깎아주는 방식이다.

독일의 위폭스Wefox는 50만 명의 고객을 확보한 인슈어테크 회사다. 이들은 유럽 최초의 디지털 보험사인 원인슈어런스One Insurance의 자회사로 사용자가 가입한 보험을 일괄적으로 조회해 한 번에 쉽게 관리할 수 있는 서비스를 제공한다. 위폭스 앱을 통해 가입한 모든 보험 내역을 확인하고, 보장 범위를 보며, 보험료 납부 기한에 대한 알림을 받을 수 있다. 보험금을 청구하거나 새로운 보험 가입에 대해 각 보험사로부터 맞춤 제안을 받는 것도 가능하다. 2019년 삼성전자가 이 회사의 투자에 참여하면서 우리나라에서 주목받기도 했다.

Fintech

코로나는 시장 전체의 불확실성을 키우며 어제는 당연하게 받아들여진 것들을 오늘은 당연하지 않게 만들었다. 숨 가쁘게 달리며 급성장을 이룬 핀테크 업계에도 변화를 주문한다.

3부에서는 앞으로 핀테크가 어떤 방향으로 변화해갈지 살펴보도록 하자. 이 책에서는 세계적 흐름을 고려하되 한국 시장에 집중된 논의를 통해 변화의 방향성을 짚어내고자 한다. 이는 빠르면 1년, 길어도 3~5년 이내에 현실이 될 것이다.

코로나,
옥석 가리기의 시작

코로나는 모든 것을 바꿨다. 직장인은 집에서 일하는 게 더 이상 어색하지 않고, 학생은 모니터 앞에 앉아 온라인으로 수업을 듣는다. 퇴근 후에 직장 동료나 친구들을 만나며 보내는 시간은 각자 집에서 넷플릭스나 왓챠를 보는 것으로 바뀌었다. 휴가 때면 캐리어를 싸서 비행기에 몸을 실었지만, 이 일도 이제는 요원하게 느껴진다.

집이 모든 활동의 중심으로 바뀌면서 온라인 쇼핑 업계가 급성장했다. 젊은 세대뿐 아니라 중장년층 소비자도 이제 손쉽게 스마트폰으로 물건을 주문한다. 아침이면 현관문 앞에 과일, 우유 등 신선식품이 도착해 있고, 과자나 아이스크림도 슈퍼나 편의점에 가는 대신 배달시켜 먹는다. 대면 생활이 줄어들면서 비대면 서비스,

즉 언택트Untact 서비스가 언론의 집중 조명을 받았다.

그렇다면 핀테크 업계는 어떨까? 반사 이익을 받은 업계일까? 결론부터 말하면 그러기도 했고, 그러지 않기도 했다. 2020년에는 서비스 사이에 처절한 옥석 가리기가 이뤄졌다. 궤도에 오른 기업은 살아남았고, 충분히 성장하지 못한 기업은 회복이 불가할 수준으로 뒤처졌다.

핀테크도 피해 가지 못한 코로나
—

핀테크 업계에도 2020년은 충격적인 한 해로 기억될 것이다. 대부분의 핀테크 기업은 2010년 이후에 창업했다. 그들 모두 이 정도의 사회경제적 충격은 처음 경험했고, 행복한 시나리오를 그리며 사업을 키워온 많은 스타트업이 절망적인 현실을 마주해야 했다. 그중에서도 가장 큰 피해는 여신 부문에 집중됐다. 핀테크 업계에서는 신용 정보가 충분하지 않은 기업과 개인에게 차별화된 신용평가 모델을 만들어 돈을 빌려주려는 시도가 꾸준히 있어왔다. 그런데 대다수의 핀테크 기업에는 고객에게 발생 가능한 장기적 리스크에 대한 데이터가 부족했다. 또한 투자 유치를 위해 대출 실적을 쌓아야 해서 상환 능력에 대한 충분한 검증 없이 무리하게 대출을 집행하기도 했다. 그 결과 모든 것은 비극으로 돌아왔다.

캐비지Kabbage는 중소기업, 소상공인을 대상으로 돈을 빌려주는 핀테크 기업이다. 신용평가가 어려운 작은 사업자에게 AI 기반의 신용평가를 거쳐 몇 분 내에 대출해주는 서비스를 제공했다. 기존 은행의 경우 심사하는 데만 일주일 넘게 걸리고 금리도 높지만, 캐비지는 최대 2억 9천만 원(25만 달러)까지 대출해주면서도 빠른 절차에 많은 사업자가 열광했다. 그러나 코로나 영향으로 돈을 빌려 간 소상공인들이 무더기로 폐업하면서 위기에 빠졌다. 결국 캐비지는 2020년 8월 글로벌 결제사 아메리칸 익스프레스American Express(아멕스)에 1조 75억 원(8억 5천만 달러)에 인수됐다. 2017년 소프트뱅크에 투자받았을 당시만 해도 그 가치가 1조 4천억 원(12억 달러) 수준이었음을 고려하면 30%가량 떨어진 것이다.

인터넷전문은행의 피해도 심각하다. 2011년 설립된 미국의 인터넷전문은행 모벤Moven은 자금 조달이 중단되면서 모든 고객의 계좌를 폐쇄했다. 모벤은 모바일 계좌 개설 서비스를 제공한 미국 최초의 은행이다. 모벤의 대표 브렛 킹Brett King은 한국에도 여러 번 방문해 핀테크 관련 포럼이나 콘퍼런스에서 연설하기도 했다. 그런 모벤도 코로나가 미국 전역에 영향을 끼치면서 2020년 3월 모바일 은행 운영을 중단하고, 4월에는 모든 계좌를 폐쇄했다. 대신 자신들이 개발한 모바일 뱅킹 기술을 다른 은행에 판매하는 사업으로 전환했다.

영국에서는 인터넷전문은행 몬조Monzo가 120명가량의 직원을 해고하고, 2020년 6월 이전 투자의 40% 정도의 기업가치로 자금을 조달했다. 경쟁 관계에 있던 인터넷전문은행 모네세Monese도 투

카카오와 네이버는 어떻게 은행이 되었나

자 유치 계획을 대폭 축소했다.

한국에서는 P2P금융 업체들이 직격탄을 맞았다. 금융감독원에 따르면 2020년 5월 기준 P2P금융 입체의 연체율은 16.2%로 2018년 말 10.9%, 2019년 말 11.4%였음을 고려하면 급격한 수치 변화다. P2P금융은 주로 자금을 모아 개인 신용 대출, 중소기업 사업자 대출, 부동산 담보 대출, 부동산 프로젝트 파이낸싱을 해준다. 그러나 코로나로 인해 경기가 급격히 나빠지면서 엄청난 먹구름이 낀 상태다.

부동산 대출 상품을 취급하는 기업은 문제가 더욱 심각하다. 한국P2P금융협회에 따르면 부동산 대출 상품만 취급하는 16개 P2P금융 회사의 평균 연체율은 20.9%다. 다른 회사들의 평균 연체율이 7.3%임을 고려하면 약 2.9배 높은 수치다. 코로나로 부동산 프로젝트가 진행이 안 되거나 늦춰지면서 연체율이 급증한 것이다. 2020년 3월 P2P금융 업계 1위인 테라펀딩에서는 한 투자 상품에서 30억 원 규모의 원금 전액이 손실나기도 했다. 이 상품은 '9개월 만기에 14%의 높은 수익률을 지급하겠다'라며 투자자를 모은 상품이었다.

이에 정부 규제도 혹독해졌다. 2020년 8월부터 금융위원회는 P2P금융 업체에 온투법(온라인 투자연계 금융업 및 이용자 보호에 관한 법률)을 적용해 규제를 시작했다. 금융위원회에 등록 절자를 거치게 하는 한편, 자본금 규정과 공시 규정, 영업 방식에 대한 규제를 새롭게 도입했다. 업계에서는 240개 업체가 난립 중인 현재 P2P금융 시장에서 10여 개 정도만이 살아남을 것으로 전망하고 있다.

핀테크 산업 전반에 대한 투자 역시 겉으로는 규모가 여전히 큰 것처럼 보였지만, 대부분 이전에 투자를 유치한 회사들에 대한 후속 투자로 초기 업체들의 자금 조달은 원활하지 못했다. 유니콘 기업들도 이전 라운드 투자와 유사하거나 소폭 높은 수준에서 자금을 조달했다. 대표적인 핀테크 업체인 토스도 2019년 8월 2조 7천억 원의 기업가치를 인정받은 후, 2020년 8월 3조 1천억 원 가치를 평가받으며 투자받았으나 이 성장분은 토스가 그간 투자받은 현금(투자금)을 포함한 수치Post-value로 사업 성장에 따른 기업가치 상승분은 제한적이었다. 2020년 8월 2천억 원, 2019년 12월 640억 원의 현금 조달을 제외하면 실제 기업가치 증가는 1~2천억 원 남짓이다. 지난 1년간 토스가 적극적으로 사업을 확장해온 것을 고려하면 아쉬운 결과다.

코로나 여파에도 살아남은 자들

그런데 코로나로 비대면 경제 활동이 늘어나면서 핀테크 서비스 사용 자체는 늘었다. 스마트폰이 도입된 지 10년이 훌쩍 넘었음에도 그간 전통 은행들은 모바일 전환에 어려움을 겪었다. 은행들이 아무리 모바일 뱅킹 사용을 독려해도 지점 방문을 고수하고, 핀테크 서비스가 파격적인 혜택을 내세워도 카드나 현금을 사용하는

카카오와 네이버는 어떻게 은행이 되었나

사람들이 많았다. 그런데 코로나는 이 모든 걸 한 번에 변화시켰다. 고객들은 앞다퉈 모바일 뱅킹이나 온라인 간편결제로 전환했다.

특히 스마트폰 사용과 거리가 멀었던 중장년층 사이에서 모바일 뱅킹이 빠르게 확산 중이다. 한 조사에 따르면 60대 이상 고객층의 모바일 뱅킹 사용자 수는 2019년 말 416만 4천 명에서 2020년 4월 469만 9천 명으로 12.9% 증가했다.[1] 미국에서도 신규 모바일 뱅킹 사용자는 두 배가량, 모바일 뱅킹 사용량은 85%가량 증가했다.[2] 뱅크오브아메리카 등 일부 은행에서는 모바일 뱅킹 사용량이 급격히 증가하자 부하를 이기지 못하고 서비스가 일시적으로 중단되기도 했다. 2020년 2분기에는 뱅크오브아메리카 개인 고객 부문 매출 중 디지털 채널 비중이 47%에 달할 정도다. 지난 2년간 디지털 채널 비중이 29%였음을 고려하면 급성장한 수치다. 한국 5대 은행의 모바일 개인 신용 대출액도 2020년 1월 4.8조 원에서 7월 10조 원으로 두 배 이상 증가했다. 2020년 1월 기준 전체 신용 대출(110조 원) 중 모바일 채널을 통한 집행분(4.8조 원)은 5%가 채 되지 않았으나, 그 이후부터 7월까지 발생한 신용 대출(10.5조 원) 중 모바일 채널(5.1조 원) 비중은 49%였다.

온라인 결제 역시 폭증하고 있다. 한국은행에 따르면 2020년 2월 이후 4개월간 전체 카드 이용 실적은 외부 활동이 축소되면서 전년 대비 2.1% 감소했다. 그러나 대면 결제는 8.4% 감소한 만면, 모바일이나 PC를 통한 비대면 결제는 12.7% 증가했다. 간편결제 서비스 중 핀테크 기업이 차지하는 비중도 70%에 달하며 2019년

1월 63.3%, 12월 65.3% 대비 많이 증가했다.[3]

해외도 마찬가지다. 2020년 3월 세계보건기구WHO는 지폐가 코로나 바이러스를 전파할 수 있다고 경고했다. 이에 미국에서는 전체 소비자의 30%가량이 코로나 발생 이후 처음으로 스마트폰이나 NFC^Near Field Communication 카드와 같은 비접촉 결제 수단을 사용했다. 이들 중 70%는 코로나가 종식된 후에도 이를 계속 사용하겠다고 한다.[4] 독일에서도 코로나 발생 후 전체 카드 결제액 중 비대면 결제의 비중이 50%를 넘어서며 코로나 발생 전(35%)과 큰 차이를 보였다.[5]

또한 많은 이들이 집에서 보내는 시간이 늘어나자 여유 시간에 자산을 관리하거나 취미로 투자를 시작하는 사람들이 생겨나면서 은행이나 주식 앱을 사용하는 빈도가 쇼핑이나 게임 서비스를 이용하는 빈도를 능가하고 있다.[6] 출판 시장이나 유튜브 등 동영상 서비스 시장에서도 자산 관리, 투자 등의 콘텐츠가 많은 인기를 끌고 있다. 이에 로빈후드나 이토로와 같은 투자 서비스가 크게 성장했는데, 로빈후드는 거래량이 2020년 3월 기준 전년 대비 300% 이상 증가하기도 했다.[7]

정부 보조금 지급도 핀테크 업계의 성장을 도왔다. 미국 정부는 코로나로 어려움을 겪는 자영업자를 대상으로 지급하는 지원금을 핀테크 서비스를 통해 수령할 수 있게 했다. 은행 계좌가 없는 사람들을 위한 조치였다. 덕분에 캐시앱, 스퀘어, 페이팔, 인튜이트^Intuit 등 핀테크 기업의 사용자가 급증하면서 이 기간에 이 서비스들의 신규 사용자 증가 기록이 연일 경신됐다.

한국에서도 모두가 부정적으로 전망한 제로페이^{Zero Pay}가 출시 1년 반 만에 누적 결제액 5천억 원을 돌파했다. 2019년 한 해 연간 결제액이 768억 원에 불과했지만, 2020년 4월에만 월 결제액이 1천억 원을 넘었다. 정부는 내수를 살리기 위해 제로페이에 수천억 원의 지역 상품권을 현금 대비 5~15% 저렴하게 배포하고, 긴급재난지원금을 제로페이 모바일상품권으로 지급하기도 했다. 관치금융이란 비판이 있었지만, 제로페이와 연계된 네이버페이, 페이코, 스마일페이 등 여러 서비스와 은행의 모바일 뱅킹을 성장시키는 데 기여했다.

금융사는 왜 게임사와 손을 잡았나
—

코로나로 인한 글로벌 경제 위기는 2008년 글로벌 경제 대공황만큼이나 심각하다는 분석이 나온다. 2008년 금융 위기는 금융권을 중심으로 발생했지만, 코로나는 지역을 폐쇄하면서 산업을 불문하고 경제 활동 자체를 중단시켰다. 즉, 일반 사람들의 일상생활에 위기가 불어닥친 것이다. 이에 금융권에서는 심각한 대출 손실을 예건했다. 2008년 경제 위기 이후 은행은 저금리로 돈을 빌리려는 개인과 기업에 상당한 대출을 해왔다. 자동차, 학자금, 카드 등 대출 잔액은 꾸준히 늘어났고 이는 고스란히 은행의 손실로 이어졌다.

JP모건, 씨티그룹, 웰스파고는 대출 부도 규모가 증가할 것이라 예상하며 2020년 2분기 실적에서 과감하게 선제적으로 손실을 인식했다.

우리나라도 상황은 비슷하다. 금융권에서 대출 만기를 연장하고, 이자 상환을 유예하는 프로그램을 진행하면서 표면적인 연체율은 외려 하락했지만, 이런 노력에도 불구하고 저소득·저신용자를 대상으로 한 정부 보증 대출 상품인 햇살론17의 연체율은 은행별로 2020년 1월 최대 3% 수준에서 7월 최대 12%까지 증가했다. 2020년 2분기 대출 잔액은 69조 원으로 14.2% 증가하며 금융 위기 이후 최대치를 경신했다. 가계와 기업 모두 '빚으로 버티기'에 돌입한 것이다.

이에 금융권에서는 개인과 기업에 대한 기존 신용평가 모델을 고도화해 코로나 등과 같은 대공황 변수를 반영하기 위한 움직임이 활발하다. 특히 AI를 신용평가에 적용해 잠재적인 신용 문제를 실시간으로 파악하고, 가능한 한 빠르게 위험을 사업에 반영하려 한다. 이는 정형화된 재무 데이터 외에도 광범위한 사회, 정치, 경제적 변수를 보다 정확하게 분석하기 위함이다.

뱅크오브아메리카는 기업 대출 부문에서 부도 가능성을 예측하기 위해 AI를 도입했다. 이들은 향후 12개월간의 회사 채무 불이행 가능성을 예측하기 위해 자연어 처리를 활용한다. 우선 기업의 실적 발표회 스크립트를 분석해 부도 가능성을 내포하는 발언을 탐지하는데, 회사가 비용 절감에 주력한다든가, 자산을 유동화한다

카카오와 네이버는 어떻게 은행이 되었나

거나, 이제 현금이 고갈됐다는 표현을 찾는 것이다. 이들은 앞으로 알고리즘을 점차 고도화해 여러 비정형화된 데이터를 분석에 녹일 계획이다.

2020년 8월에는 KB증권과 엔씨소프트가 AI 기반의 투자자문사 설립을 위한 논의에 들어갔다는 보도가 나왔다.[8] KB금융그룹은 지주 차원에서 AI 기술 부문에서 앞선 엔씨소프트와 협력을 추진하고 있다는 분석이다. 엔씨소프트는 AI 분야에서 국내 IT 기업 중 가장 선도적인 업체 중 한 곳으로 게임 개발 곳곳에 AI 기술을 접목하고, 연합뉴스와 협력해 AI로 기사를 작성하고 있다. KB증권은 이런 엔씨소프트와 함께 AI 기반의 자산 관리 서비스를 개발할 것으로 전망된다. 이를 통해 KB금융그룹은 AI 기술에 대한 역량을 대폭 기르는 한편, 엔씨소프트는 금융업에 첫 삽을 뜨게 됐다.

한편 금융위원회에서도 AI 활용을 활성화하기 위한 논의를 시작했다. 이들의 연구 결과를 통해 금융 서비스에서 AI를 적극적으로 활용하기 위한 규제 개선이 이뤄질 것으로 기대된다. 특히 신용평가, 여신심사, 보험인수 등에서 AI 도입에 따른 효과가 클 전망이다.

카카오·네이버·토스,
뚜렷한 3강 구도

2014년, 드라마 〈별에서 온 그대〉가 중국에서 선풍적인 인기를 끌었다. 이 드라마에 빠진 중국인 A씨는 주인공인 천송이(전지현)가 입고 나온 코트에서 눈을 뗄 수 없었다. A씨는 인터넷에 수소문해 그 옷이 한국 온라인 쇼핑몰 사이트에서 판매하고 있다는 것을 알게 된다. 하지만 '천송이 코트'를 드디어 살 수 있다는 기쁨도 잠시 A씨는 코트 구매를 포기했다. 이 당시만 해도 한국 쇼핑몰에서 결제하려면 공인인증서가 꼭 필요했다.

한국에서 핀테크가 관심을 받기 시작한 것도 이 시기쯤이다. 외국에서는 공인인증서 없이 한국 쇼핑몰에서 물건을 살 수 없다는 것이 문제시되면서 여러 금융사와 정부 기관에서는 앞다퉈 간편하면서도 진화된 핀테크 서비스를 만들기 시작했다. 이 과정에서 여

카카오와 네이버는 어떻게 은행이 되었나

러 신흥 기업이 등장했다. 이후 시장이 성숙기에 접어들면서 강력한 플랫폼 파워를 가진 세 기업의 경쟁으로 점차 압축됐다. 카카오톡을 중심으로 국내 1위의 인터넷전문은행을 보유한 카카오, 국내 1위의 간편결제 서비스 네이버페이를 가진 네이버, 대한민국 핀테크 스타트업의 아이콘 토스(비바리퍼블리카)가 바로 그 주인공이다.

이들도 처음에는 기존 금융권과 경쟁을 펼쳤지만, 현재는 세 기업이 약속이나 한 듯 간편결제, 송금, 대출, 보험 등 금융 서비스 전 영역으로 사업을 확장한 상태다. 네이버는 자신이 토스보다 보안이 뛰어나다고 광고하고, 토스는 이에 불편한 기색을 감추지 않는 등 이미 기 싸움은 시작된 상태다. 앞으로 이들 간의 경쟁은 더 치열해질 전망이다.

카카오뱅크×카카오페이의 고공행진
—

카카오는 카카오뱅크와 카카오페이를 중심으로 세 기업 중 가장 앞서 있다. 카카오의 자회사인 카카오뱅크는 여·수신을 중심으로 인터넷전문은행 사업을 수행하고, 카카오페이는 간편결제 서비스를 중심으로 여러 디지털 금융 서비스를 제공한다. 카카오페이는 2021년 상반기에, 카카오뱅크는 같은 해 하반기에 상장 예정이다.

카카오뱅크는 현재 다른 회사들의 금융 상품을 적극적으로 소싱 및 판매하며, 금융 상품 판매를 중개하는 플랫폼으로 진화하고 있다. 한국투자증권, NH투자증권, KB증권 등 증권사의 증권 계좌 개설을 지원하고, 신용등급이 낮아 직접 대출해주기 어려운 고객에게 제2금융권 대출 상품을 연계하기도 한다. 삼성카드, KB카드, 신한카드, 씨티카드 등과 제휴해 신용카드도 발급한다.

은행이 고객에게 돈을 빌려주려면 법적 제약으로 인해 일정 비율의 자본을 확충해야 한다. 그래서 대출을 더 취급하기 위해서는 유상증자가 필수라 주주가치 희석이 불가피하다. 게다가 기준금리 자체가 낮아 은행이 개선할 수 있는 예대마진의 상승 폭도 제한적이다. 그러나 카카오뱅크는 금융 상품 판매 중개 사업을 통해 수수료 이익을 키우며 다른 은행과 사업 구조를 차별화하고 있다. 이는 카카오뱅크가 기존 금융사보다 더 높은 기업가치를 인정받게 된 이유 중 하나다.

현재 그들은 수신 고객에게 주는 이자는 줄이는 반면, 대출은 지속적으로 늘려가고 있어 앞으로 이자수익을 더 높일 수 있는 가능성이 크다. 예금 대비 대출 비율을 뜻하는 예대율이 2019년 2분기 64.4%에서 2020년 2분기 77.9%로 개선됐고, 카카오뱅크를 주거래은행으로 사용하는 고객이 늘어나면서 조달비용도 줄어들고 있다. 더불어 모임통장, 26주 적금, 저금통과 같은 금융 상품이 카카오뱅크가 더 낮은 이율로 돈을 조달할 수 있도록 한다. 2020년 2분기 기준 카카오뱅크는 전체 수신액 중 금리 0.1% 수준의 요구불예금이 차지하는 비중은 48.8%로 아주 높은 수준이다. KB금융이 46.9%, 신한금융이 44.2%, 하나금융이 37.3% 수준임을 고려하면 카카오뱅크는 다른 금융사보다 저렴하게 돈을 모으고 있는 셈이다.

대출도 성장 가능성이 높다. 많은 시중 은행이 집행하는 개인 고객 대상 대출의 70%가량이 주택담보 내출 상품인 데 반해 카카오뱅크는 신용 대출 상품을 중심으로 성장해왔다. 카카오뱅크는 주택담보 대출이 완전히 비대면으로 진행되기가 쉽지 않아 출시 시기를 구체적으로 밝히기 어렵다고 했지만, 경쟁사인 케이뱅크가 이미 주택담보 대출 상품을 내놓은 만큼 일각에서는 카카오뱅크의 주택담보 대출 상품 출시를 시간문제로 보고 있다.

카카오페이도 간편송금 서비스 분야 1위, 간편결제 서비스 분야 선두권 입지를 굳히고 있다. 카카오페이는 카카오톡에 돈을 충전해 사용할 수 있는 카카오페이머니 서비스를 제공하는데, 사용자는 자신의 계좌와 카카오페이머니를 연계해 계좌에서 돈을 쉽게 충전할 수 있다. 카카오페이머니에 충전된 돈은 카카오톡을 통해 다른 친구들에게 간단히 송금하는 데 쓰인다. 이 서비스로 카카오페이는 2017년 간편송금의 선도자 토스를 제치고 업계 1위 자리를 차지했다.[9]

초기 카카오페이는 계좌 잔액에 연 5% 수준의 높은 이자를 지급하는 혜택을 제공하면서 고객을 빠르게 모았다. 이후 결제 후 남은 잔돈을 지동으로 투자하는 '동전 모으기', 결제 후에 받은 포인트를 투자하는 '알 모으기' 상품을 출시하는 등 고객의 관심을 끌 만한 상품들을 계속해서 선보였다. 2018년 10월에는 바로투자증권을 인수해 2020년 2월에 카카오페이증권을 출범했다. 카카오페이증권은 정식 서비스 시작 6개월 만에 계좌 개설자 수 200만 명을 돌파하며, 월평균 30%가량 성장하고 있다.

카카오페이는 보험업 진출도 준비 중이다. 2020년 디지털손해보험사 설립을 위한 인가를 신청했고, 금융 당국의 심사와 시스템, 상품 개발 등의 과정을 거쳐 2021년 중에는 영업을 시작할 것으로 예상된다. 이들은 카카오톡과 연계성을 높여 생활 밀착형 보험 상품을 출시할 전망이다.

네이버파이낸셜, 제2의 라인뱅크 만드나

—

네이버는 이미 일본 자회사 라인을 통해 해외에서 금융 사업을 활발히 하고 있다. 라인의 자회사 라인파이낸셜은 인터넷전문은행, 증권, 암호화폐에, 라인페이는 간편결제 사업에 주력한다. 2019년 11월에 발표한 바에 따르면 네이버가 라인파이낸셜과 라인페이에 1년간 직접 투자한 자금만 7,700억 원 수준이다.

라인파이낸셜은 2019년 7월 대만 금융감독위원회로부터 라인뱅크LINE Bank 설립을 허가받고, 2020년 말 인터넷전문은행 라인뱅크를 설립하며 은행업을 시작한다. 대만에서 라인은 전체 인구의 91%가 사용하는 메시지 서비스고, 라인페이도 27.3%의 시장점유율을 차지하며 간편결제 시장 선두를 달리고 있어 성공적인 데뷔

카카오와 네이버는 어떻게 은행이 되었나

가 기대된다.[10]

네이버는 야후재팬Yahoo Japan을 운영하는 소프트뱅크 자회사 Z 홀딩스와 합병하면서 일본에서도 핀테크 사업에 속도를 낼 전망이다. 네이버와 소프트뱅크는 50 대 50으로 조인드벤저를 만들어 야후재팬을 운영하고 있는 Z홀딩스를 공동으로 경영하기로 했다. 야후재팬은 한국의 네이버와 같이 일본에서 압도적 우위에 있는 포털 서비스다. 일본 결제 시장에서는 네이버의 '라인페이'와 소프트뱅크의 '페이페이'가 출혈 경쟁을 벌이고 있었는데, 이 둘의 합병으로 경쟁이 한층 완화될 전망이다.

야후재팬은 이미 인터넷전문은행 재팬넷은행Japan Net Bank의 지분을 41% 소유하고 있다. 재팬넷은행은 2000년 출범 이후 5년 만에 흑자 전환에 성공하며, 매년 222억 원(20억 엔) 내외의 순이익을 올리고 있다. 이들은 과거 사업 성장 과정에서 야후재팬 고객을 대상으로 금융 서비스 혜택을 제공하고 금융 상품을 홍보하는 등 야후재팬을 적극적으로 활용했다. 앞으로는 라인과의 협업을 통해 유사한 방식으로 실적을 더 높일 거라고 본다.

한국에서 네이버는 2019년 11월 결제·송금 서비스 '네이버페이'를 분사해 금융계열사 네이버파이낸셜을 설립했다. 미래에셋대우가 2019년에 네이버파이낸셜의 기업가치를 약 2조 7천억 원으로 평가해 투자를 단행하면서, 현재 네이비파이낸셜은 네이버가 70%, 미래에셋대우가 30%의 지분을 가지고 있다.

네이버페이는 2015년 출시 이래, 연간 거래액 20조 원 이상, 월 결제자 수 1,200만 명대를 확보한 국내 1위의 간편결제 서비스다. 네이버페이가 쇼핑, 검색, 증권, 부동산 등 다양한 부문에서 선도적 지위를 점하고 있는 만큼 네이버파이낸셜은 각 사업 영역과 금융 서비스를 연계해가며 사업을 확장할 것으로 예상된다. 이들은 결제 중심의 사업 구조에서 점차 보다 높은 수익성을 가진 여신, 보험, 자산 관리 서비스 등으로 확장할 것이다.

2020년 6월에는 미래에셋대우와 함께 CMA 계좌 '네이버통장'을 출시했다. 이 통장과 연계해 네이버페이에서 충전 및 결제할 경우 3%의 포인트를 적립해주고, 100만 원까지는 3%의 수익률을 주는 등 파격적인 혜택을 제공한다. 그런데 시중 은행들이 원금 보장이 되지 않는 CMA 상품에 '통장'이라는 표현을 사용하고, 실제 금융 상품의 제공자가 미래에셋대우임에도 네이버 명칭을 사용한 것에 크게 반발해 '네이버통장 방지법●'이 만들어졌다. 이후 이 상품은 '미래에셋대우 CMA-RP 네이버통장'으로 명칭이 변경됐다.

2020년 6월 출시된 네이버통장은 원금 보장이 되지 않는 CMA 계좌임에도 '통장'이라는 용어를 쓴 것이 논란이 됐다.

7월에는 보험서비스 법인 '엔에프NF보험'을 등록했다. 이 법인의 사업 목적은 보험대리점업, 통

카카오와 네이버는 어떻게 은행이 되었나

신판매업, 전화권유판매업 등으로 기재되어 있는데, 복수의 보험사들과 제휴해 보험판매업을 영위할 것으로 예상된다.

여신 부문에서는 소액 후불 결제와 네이버 쇼핑 가맹점을 대상으로 대출 상품 출시 가능성이 눈여겨볼 만하다. 네이버파이낸셜은 현재 개인 고객을 대상으로 네이버페이에서 30만 원 수준의 소액 후불 결제를 제공하는 서비스를 금융위원회로부터 허가받았다. 일반 신용카드와 달리 결제 과정에서 고객으로부터 이자를 수취하지 못하지만, 네이버파이낸셜이 개인 대상 신용평가 모델을 정교화하기 위한 데이터를 수집해준다. 여기서 수집된 데이터는 추후 네이버파이낸셜이 개인 대상 여신 상품을 개발하기 위한 토대가 될 것이다.

네이버파이낸셜은 네이버 쇼핑 플랫폼 판매자를 대상으로 사업자 대출 상품도 출시한다. 이는 기존 금융사들이 온전히 충족시키지 못한 시장의 요구를 채워가며 인기를 얻을 것으로 보인다. 네이버 쇼핑 플랫폼의 소형 유통사들은 판매 물품을 매입하기 위해 자금을 필요로 하지만, 금융사에서는 개별 판매자의 판매 현황을 파악하기 어려워 대표의 개인 신용 정보를 평가해 대출을 집행한다. 그래서 다수의 대출 거절 사례가 발생한다. 하지만 네이버는 자사 쇼핑 플랫폼 내에 이미 36만 명 이상의 판매자와 가맹점 결제

- 금융투자협회가 발표한 'CMA 업무 관련 모범 규준—개정안'으로 증권사가 CMA 제휴 상품을 광고할 때 제휴사(네이버 등)의 금융 상품으로 오인할 가능성이 있는 명칭 및 표현 사용을 금지하는 내용을 담고 있다.

정보를 확보한 만큼 실시간 판매 데이터 현황 등을 활용해 고도화된 신용평가 모델을 선보일 전망이다.

종합 금융 서비스를 넘보는 토스

—

간편송금 서비스로 시작한 토스는 한국의 대표 핀테크 서비스로 성장했다. 2020년 8월 기준 누적 가입자 수만 해도 1,700만 명, 누적 송금액은 100조 원에 달한다. 실사용자 수(월간 활성 사용자 수 기준)는 최근 3년간 약 4배 이상 성장하며 매달 1천만 명 이상이 토스를 사용하고 있다.

토스는 간편송금뿐만 아니라 신용등급 조회, ATM 출금, 부동산 소액투자, 신용카드 발급, 대출 및 보험 중개 등 40여 가지의 금융 서비스를 제공한다. 고객이 필요로 하는 서비스를 꾸준히 발굴하며 사업을 확장하고 있다. 2020년 4월에는 처음으로 월간 흑자를 달성하기도 했다. 특히 이들은 2020년 8월 코로나로 인한 위기 상황에서도 기업가치 3조 1천억 원을 인정받으며 2천억 원대 투자를 유치했다. 사업 분야 역시 토스페이먼츠, 토스증권, 토스인슈어런스, 토스뱅크 등 각 금융 계열사를 통해 영역을 넓히고 있다.

토스페이먼츠는 2020년 8월 LG유플러스의 PG(전자지급결제) 사업 부문을 토스가 인수하며 설립한 회사다. PG 사업은 온라인 쇼핑몰, 카드사, 은행 등에 결제 솔루션을 구축하고 대금을 정산하

카카오와 네이버는 어떻게 은행이 되었나

며 수수료를 받는다. LG유플러스의 PG 사업은 KG이니시스에 이어 두 번째로 많은 가맹점을 확보한 기업으로 약 8만여 개의 가맹점을 확보하고 있있다. 토스는 이를 인수해 단시간에 가맹점을 확보하는 한편, 그들이 창출하고 있던 300억 원 규모의 영업이익(EBITDA 기준)도 함께 확보했다.

이들은 미국의 스트라이프Stripe를 벤치마킹 모델로 상정하고 있음을 밝혔다. 스트라이프는 가맹점이 결제 시스템을 간단히 구현할 수 있도록 개발자 대상의 개발 도구를 제공한다. 고객사에서는 결제 서비스를 위해 복잡한 개발 과정 없이 스트라이프 코드 몇 줄만 붙여넣으면 스트라이프의 결제 시스템을 끌어다 쓸 수 있다. 토스페이먼츠도 잘 정제된 코드를 통해 많은 가맹점이 쉽게 결제 서비스를 구현하는 것을 목표로 한다. 특히 초기 회사들이 결제, 배송, 환불, 교환 등의 기능을 구현할 때 투입되는 시간과 노력을 개선해 줄 것으로 보인다.

토스증권도 주목할 만하다. 토스는 2020년 3월 증권업 진출을 위한 투자중개업 예비인가를 획득한 이후, 8월 본인가를 신청했다. 이들은 개인투자자를 중심으로 스마트폰을 통한 주식매매 서비스에 주력할 것이라 밝혔다. 이는 카카오페이증권이 펀드 등 금융 투자 상품을 소개하면서 자산 관리 서비스에 집중하는 것과는 다른 모습이다. 토스증권은 직접 주식매매 시스템MTS을 구축해 국내 주식을 사고파는 서비스를 선보인 뒤, 해외 주식, 펀드 등으로 확장할 전망이다. 최근 코로나로 인해 개인투자자가 증권 시장에 많이 유입된 상태라 토스증권의 성장세도 기대된다.

다만 주식 거래는 기존 증권사에 대한 고객의 락인Lock-in 효과가 커서 우려도 나온다. 주식매매 시스템은 약간만 화면을 수정해도 고객의 반발이 나올 만큼 보수적으로 운영되는 서비스다. 많은 증권사에서 기존 앱을 그대로 운영하면서 별도의 앱으로 신규 서비스를 선보이는 이유가 이 때문이다. 따라서 토스증권이 새로운 주식 거래 서비스를 출시한다 해도 기존에 다른 증권사 앱을 이용하고 있는 고객이 빠르게 이탈할 가능성은 제한적일 수 있다. 때문에 토스증권은 소액 투자를 중심으로 주식 거래 경험이 없는 젊은 고객부터 끌어들일 가능성이 있다.

토스인슈어런스는 토스의 보험 부문 자회사로 토스 내에서 제공되는 '보험분석 매니저' 서비스를 제공한다. 고객이 가입한 보험이 적정한지 분석해주고, 원할 경우 보험 설계를 해준다. 토스 앱내 '보험' 메뉴를 통해 고객은 자신이 가입한 보험 상품 현황을 확인하고, 실비, 암, 심장, 뇌 등 분야별로 보장이 적절한지 분석받을수 있다. 토스인슈어런스의 설계자는 기존 보험사처럼 판매 실적과 연동해 인센티브를 받는 개인사업자가 아닌, 정규직 연봉제로 운영된다. 이들은 개인 실적이 아닌 토스인슈어런스의 반기 실적으로 성과 달성분에 대해 균등한 인센티브를 받는다. 그간 보험 업계에서는 일부 설계사가 판매 수수료가 높은 상품을 중심으로 고객에게 소개하거나 권유하는 문제가 있었다. 이는 보험에 대한 고객의 신뢰를 떨어뜨리는 주요 원인이었는데, 토스인슈어런스는 이

보험설계사 전용앱
토스보험파트너 공식 오픈

고객이 선택하는
투명한 보험상담

● 토스보험파트너

토스가 출시한 토스보험파트너는 보험 설계사가 영업할 때 사용하는 서비스다. 토스인슈어런스가 아닌 다른 회사에 소속된 설계사도 가입해서 토스 고객을 대상으로 영업할 수 있다. 대신 토스는 설계사에 대한 평점 정보를 수집한다.

문제를 일부 해결할 것으로 기대된다.

2020년 8월에는 보험 설계사를 대상으로 그들의 영업을 지원하는 앱인 '토스보험파트너'도 출시했다. 2개월 만에 6,500명의 보험 설계사를 모집하며 보험 설계사들 사이에서 빠르게 확산되고 있다. 통상 초대형 GA가 1만여 명의 설계사를 확보하고 있음을 고려하면, 굉장한 수의 설계사를 모은 것이다. 이는 토스에서 보험 가입을 원하는 고객을 토스보험파트너에 등록된 설계사에게 무료로 연결해서 타 보험사나 GA에 소속된 설계사들이 빠르게 유입됐다. 보험 상담 후에는 고객에게 해당 설계사에 대한 평점을 받아 이를 토대로 믿고 쓸 수 있는 보험 판매 중개 서비스로 고도화할 계획이다. 설계사에 대한 고객 중개가 유료화될 가능성도 높다.

토스는 2021년 7월 인터넷전문은행 토스뱅크 출범을 준비하고 있다. 토스뱅크는 토스가 보유한 강력한 고객 기반을 통해 공격적인 성장 전략을 구사할 전망이다. 이미 수년간 고객의 금융 데이터를 쌓아온 만큼 이를 활용해 기존 신용평가 모델로는 커버하지 못한 고객을 적극 공략할 것으로 예상된다. 다만 카카오뱅크와 케이뱅크 두 인터넷전문은행이 이미 시장에 잘 자리 잡은 가운데 어떻게 차별화된 서비스를 구현할지가 숙제로 남아 있다.

밀레니얼이 원하는
금융은 어떻게 다른가

X세대, Y세대 등 시대를 주도하는 세대는 언제나 존재하기 마련이다. 그들은 대체로 트렌드에 가장 민감하게 반응하고 유행을 선도하며 이제 막 사회활동이나 경제 활동을 시작한 세대다. 때문에 기업들은 하나같이 한 세대를 주도하는 이들에 주목한다. 지금은 밀레니얼 세대가 이를 대표한다. 밀레니얼 세대는 1980년대부터 2000년대 초반에 출생한 세대로 경제의 핵심 성장 축이라 할 수 있는 20~30대로 구성되어 있다. 금융기관에서도 밀레니얼 세대를 미래 성장을 위한 핵심 공략 대상으로 눈여겨보고 있다.

하지만 이들을 타깃으로 한 서비스에서 전통 금융기관보다 핀테크 기업이 더 우위에 있음이 여러 조사를 통해 증명된다. 전통 금융기관은 밀레니얼의 이목을 끌기 위해 여러 시도를 하고 있지만 지지부진하다. 반면 핀테크 기업은 이들의 관심을 사로잡으며 다양한 서비스로 사업을 확대해가고 있다. 이 세대가 시장의 주류가 될 날이 머지않은 지금, 핀테크 서비스가 금융 시장에서 점점 더 유리한 입지에 서고 있다.

밀레니얼은 은행에 가지 않는다
—

전 세계 20개 주요 국가를 대상으로 조사한 결과 핀테크 서비스는 18~44세 연령대에서 가장 높은 침투도를 보이며 핀테크 성장을 촉진하고 있는 것으로 나타났다. 국내에서도 주요 핀테크 업체의

세대별 핀테크 사용 비율(세계 20개 주요 국가, 2017년 기준)

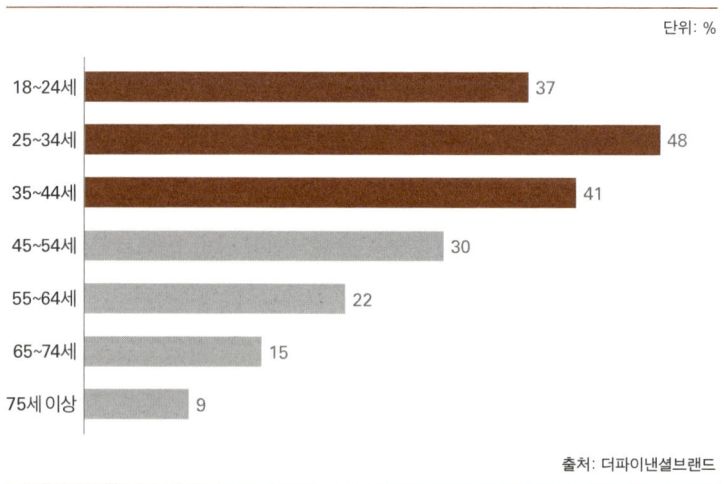

단위: %

- 18~24세: 37
- 25~34세: 48
- 35~44세: 41
- 45~54세: 30
- 55~64세: 22
- 65~74세: 15
- 75세 이상: 9

출처: 더파이낸셜브랜드

카카오와 네이버는 어떻게 은행이 되었나

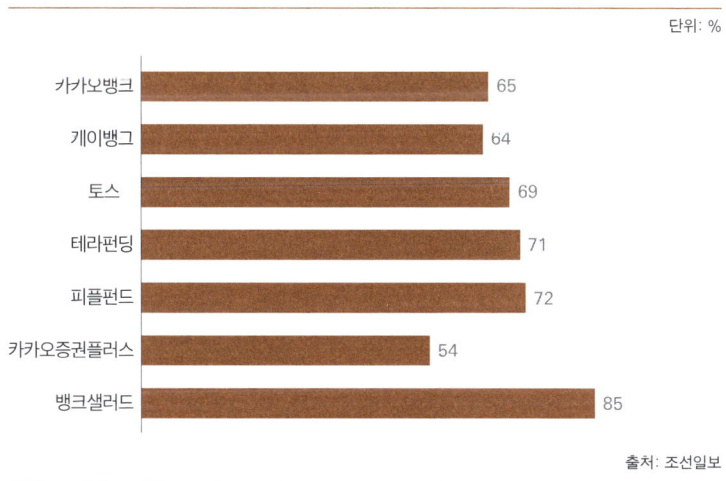

국내 주요 핀테크 업체의 2030 고객 비중 (2018년 기준)

단위: %

업체	비중
카카오뱅크	65
케이뱅그	64
토스	69
테라펀딩	71
피플펀드	72
카카오증권플러스	54
뱅크샐러드	85

출처: 조선일보

20~30대 고객 비중이 60~80%로 매우 높은 수준이다. 향후 10년 내 금융 서비스를 가장 많이 사용하게 될 밀레니얼 세대가 핀테크 서비스에 이미 친숙하게 반응하고 있는 것이다.

반면 밀레니얼 세대는 전통 금융기관의 필요성에 대해 회의적이다. 미국 주간지 〈타임〉이 발표한 설문조사에 따르면 밀레니얼 세대는 'IT 기업의 금융 서비스를 전통 금융기업의 서비스보다 더 선호하는 것'으로 나타난다. 또한 '은행의 조언은 무의미'하다고 생각하는 비중이 높고, '핀테크 스타트업이 은행을 잠식하기를 기대'한다. 유사한 다른 여러 조사에서도 밀레니얼 세대는 기존 금융 회사에 긍정적이지 못한 인식을 갖고 있음이 드러났다.

이들은 전통 금융기관의 주 수입원인 대출 상품에 대해서도 더

금융 시장 변화에 대한 밀레니얼 세대의 생각

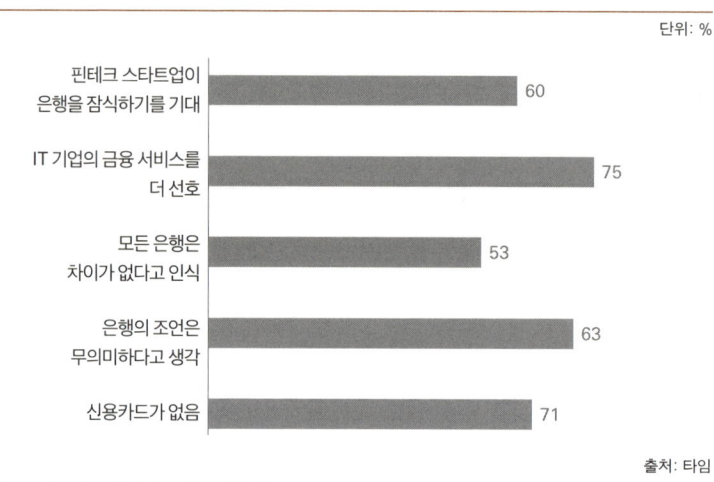

단위: %

- 핀테크 스타트업이 은행을 잠식하기를 기대 — 60
- IT 기업의 금융 서비스를 더 선호 — 75
- 모든 은행은 차이가 없다고 인식 — 53
- 은행의 조언은 무의미하다고 생각 — 63
- 신용카드가 없음 — 71

출처: 타임

욱 신중한 태도를 보인다. 밀레니얼 세대는 그 어느 세대보다 폭발적인 등록금 상승과 취업난, 그리고 내 집 마련에 대한 어려움을 겪고 있다. 그렇다 보니 이들은 이전 세대보다 1.75배가량 많은 빚을 지고 있고 신용카드보다 체크카드를 더 선호한다. 이는 은행이 과거와 동일하게 예대마진에만 집중해서는 충분한 이익을 얻기 어렵다는 것을 뜻하기도 한다.

반면 IT 기업이 혁신적인 핀테크 서비스로 밀레니얼 세대를 공략할 가능성은 더욱 높다. 이들은 데이터 분석 기반의 맞춤화된 서비스에 친숙하다. 넷플릭스에 월 10달러가 넘는 금액을 지불하며 취향 분석 기반으로 영화나 TV 프로그램을 추천받길 기대하며, 쿠팡에서 자신의 소비 습관을 분석해 관심 있어 할 만한 상품을 추천받고 빠르게 배송해주는 멤버십에 가입한다. 최저가 판매처를 검색하며 10원이라도 더 저렴하게 상품을 구입해온 이전 세대들의 온라인 구매 성향과는 확연히 다르다. 비슷한 맥락으로 밀레니얼 세대는 자신에게 최적화된 금융 상품을 추천해주고, 돈 관리를 더 잘할 수 있는 방법 등 만족스러운 혜택이 주어진다면 토스나 뱅크샐러드에 카드 결제 내역과 같은 민감한 정보가 포함된 데이터를 제공하는 데 거리낌이 없다.

밀레니얼을 끌어들이는 세 가지 요소

—

밀레니얼 세대의 시선을 끌기 위해서는 금융 상품을 설계하던 전통적 시각에서 벗어나 IT 서비스를 만드는 접근이 필요하다. 과거 금융 회사들은 좋은 자리에 지점을 열고 경쟁력 있는 금리를 제공하는 상품을 만들면 고객이 알아서 찾아왔다. 지점마다 목표 수치를 할당하면 지점 직원들은 어떻게든 고객을 유치해왔다. 그러나 이제 금융 회사의 경쟁력은 IT 서비스를 얼마나 잘 만드냐에 있다. 특히 UI, UX가 중요해졌다. 모든 시중 은행이 1년 동안 비대면 채널에서 모은 고객(15만 5천 명)을 카카오뱅크는 출시한 지 12시간 만에 모았다(18만 7천 명). 이 초기 고객의 65%기 20·-30대의 밀레니얼 세대였다.[11]

카카오뱅크 UX 설계를 총괄한 임원은 '사용자 경험'과 '디테일'을 강조한다. 그는 한 인터뷰에서 "카카오뱅크는 모바일 서비스에서의 고객 행동을 완벽히 이해하고자 했다. 그래서 사용자 경험과 사용성에 집중했다. 키패드 하나도 신경 써서 만들 정도로 디테일에서 상당한 차이를 뒀다. 이뿐만 아니라 앱 속도도 극한까지 높이려 노력했다"라고 말했다.[12]

토스도 마찬가지다. 토스는 내부에 '유저 리서치 팀'을 두고 여기서 수집한 사용자 요구를 서비스에 반영하기 위해 고군분투한다. 서비스 테스트 고객에 대한 심층 인터뷰, 설문 조사 등 여러 방법을 통해 사용자가 최대한 직관적으로 토스를 사용할 수 있도록 서비스를 개선한다. 뱅크샐러드도 출시 후 1년 동안 1,081건의 사용자 인터뷰를 진행했다.[13] 고객이 왜 자산 관리를 하는지, 어떻게 하는지, 그리고 뱅크샐러드에 무엇을 기대하는지를 매우 꼼꼼하게 수집하고 이를 이해하며 더 나은 고객 경험을 위해 서비스를 조금씩 개선해갔다.

이처럼 밀레니얼을 공략하기 위해서는 서비스 자체를 극도로 잘 만드는 것이 가장 중요하다. 어떤 기능을 더할 것인지가 아니라 몇몇 핵심적인 기능을 어떻게 완벽하게 잘 만들 수 있을지를 고민해야 한다. '최초' 타이틀은 그리 중요하지 않다. 어떻게 '최고'의 서비스를 만드는지가 더 중요하다. 이외에도 밀레니얼을 타깃으로 한 서비스에서 염두에 둬야 할 요소가 몇 가지 더 있다.

첫째, 단순하게 만들어야 한다. 조금만 복잡해도 밀레니얼은 서비스를 이탈한다. 화면 하나하나 바로 이해할 수 있게 해야 한다.

큰 글씨가 장년층 고객 대상 서비스에만 적용되는 것은 아니다. 집중해야 할 말만 눈에 잘 띄게 배치하고, 터치해야 할 버튼만 최소한으로 노출해 그들의 행동을 유도해야 한다. 혜택노 부수적인 조건이 많으면 밀레니얼에게는 오히려 얕은수를 쓰는 것으로 보일 수 있다. '수수료 0%', '캐시백 3%'와 같은 간명한 말로 전달돼야 한다.

둘째, 이 서비스를 써야만 하는 차별화된 이유를 명확히 제시해야 한다. 예를 들어 에이콘스가 제공하는 잔돈 투자 서비스인 반올림 투자는 밀레니얼이 일상에서 몇 원이라도 더 모을 수 있게 돕는다. 음원 저작권 투자 서비스 뮤직카우는 강다니엘, 지드래곤, 모모랜드 등 유명 가수의 음원 저작권을 분할 판매해 투자가 자신이 좋아하는 팬의 가치를 높인다는 점을 홍보한다. 카카오뱅크 모임 통장은 동아리 공용 계좌를 모두가 함께 쉽고 편리하게 관리할 수 있도록 한다.

마지막으로 고객의 잦은 접속을 이끄는 요소를 만들어야 한다. 로빈후드는 신규 가입자에게 주식 1주를 무료로 줌으로써 사용자가 실시간으로 변하는 주식 가격을 확인하기 위해 로빈후드에 자주 방문하도록 만들었다. 카카오뱅크는 예금 이자가 초 단위로 바뀌는 것을 확인할 수 있게 한다. 서비스에 접속했는데 바뀐 것이 없다면 밀레니얼은 금세 지루해한다. 마치 게임 속 캐릭터처럼 내 상태에 무언가 계속적으로 변동이 있다고 느끼게 해야 서비스를 켤 유인이 생겨 자주 접속하며 관심을 갖는다.

딱딱한 조언자 NO, 편한 찐친 OK

—

과거에는 은행이라는 공간을 통해 거의 모든 금융 서비스를 소비했지만, 밀레니얼 세대는 은행에 방문한 경험이 적다. 은행에 한 번도 안 가본 사람도 있을 것이다. 밀레니얼 세대는 주로 스마트폰으로 은행을 처음 경험하는데, 스마트폰은 이들에게 메시지, 모바일 브라우저, 동영상 콘텐츠 등을 소비하는 창구다. 그런 스마트폰에서 딱딱한 조언을 주는 이미지를 내세우면 학생 때 듣던 재미없는 인터넷 강의를 연상시키기만 할 뿐, 이용하고 싶지 않은 지루한 서비스로 전락할 수 있다.

이에 핀테크 서비스는 찐친(진짜 친한 친구) 이미지를 주는 데 힘쓰고 있다. 카카오뱅크의 경우 고전적인 은행원의 이미지가 전혀 없다. 대신 카카오프렌즈의 라이언이 모든 서비스에 녹아 있다. 카카오페이는 송금할 때 사용하는 봉투에 애니메이션 효과를 주고, 핀크는 IC카드를 개그맨 유병재의 치아로 형상화해 만들었다. 테라펀딩은 개그맨 김재우의 가슴에서 레이저가 나와 은행 이자를 박살 내는 광고를 선보이기도 했다. 과거 금융 회사와 비교하면 파격 그 자체다.

자산 관리 앱 뱅크샐러드도 서비스 초기에는 고객의 소비나 지출 내역을 분석해 '돈을 아껴 써라', '적금 상품을 추천한다'는 식의 코멘트를 제공했다. 그런데 고객이 인스타그램이나 페이스북에 남긴 후기를 보면 '내가 돈 쓰는데 네가 왜 지적질이야?'는 식의 부정적 반응이 주를 이뤘다. 밀레니얼 세대는 이를 불편한 참견으로 인식하는 것이다. 이에 뱅크샐러드는 커뮤니케이션 방식을 바꿨다. 이들은 밀레니얼 세대의 생활에 공감을 보여주면서도 위트 있게 말을 건넨다. 예를 들어 이전에는 고객이 택시를 자주 타면 '택시비를 아끼세요'라고 했지만, 이제는 '요즘 야근 많이 하고 계신가 봐요. 힘내세요'라는 응원의 메시지나 '이 정도면 차라리 차를 사는 건 어떨까요?'와 같은 팩폭(팩트폭력) 메시지로 전환했다. 돈을 많이 쓰고 있는 고객에게는 '이렇게 긁어대다간 다음 달의 나에게 먹살

출처: 인스타그램

인스타그램 등 SNS상에서 뱅크샐러드에 대한 긍정적인 반응을 종종 볼 수 있다. 뱅크샐러드는 화장품을 많이 산 고객에게 '이 정도면 똑같은 색 화장품을 또 산 거 아니에요?'라는 팩폭을 가하는 등 고객이 유쾌하게 받아들일 만한 익살스러운 메시지를 꾸준히 개발 중이다.

잡힐지도 몰라요'라고 한다. 창의적인 표현을 지속적으로 만들어 내면서 SNS상에서 '뱅크샐러드 너무 귀엽다', '뱅크샐러드의 팩폭에 뿜었다'는 긍정적 반응이 늘어났다. 이는 자연스럽게 바이럴 마케팅으로도 연결됐다.

뱅크샐러드 김태훈 대표는 한 인터뷰에서 "1980~1990년대 금융은 전문가적인 입장에서 고객을 가르치려 했다. 시집갈 돈 모아라, 아껴 쓰고 저축하라는 식의 스트레스를 준 것이다. 요즘 젊은 사용자에게 이런 말을 했다가는 다 도망간다. 밀레니얼 세대는 전문가의 딱딱한 잔소리에 지쳐 있다"라고 말했다.[14]

핀테크 서비스는 고객의 관심과 시간을 뺏기 위해 전통 은행이 아니라 카카오톡, 유튜브, 넷플릭스, 그리고 여러 모바일 게임과 경쟁한다. 스마트폰에는 여러 앱이 설치돼 있지만, 절대다수의 앱은 실행되지 않고 방치된다. 잘나가는 IT 서비스와 경쟁하며 고객이 자주 쓰는 서비스가 되기 위해서는 문턱을 낮추고 더 재미있고 친근하게 그들의 방문을 유도해야 한다.

카카오와 네이버는 어떻게 은행이 되었나

닫혀 있던 은행 문이 열리다,
오픈뱅킹

핀테크 서비스에서 계좌 정보를 읽어오거나 이체 기능을 제공하려면 복잡한 과정을 거쳐야 했다. 계좌 정보를 불러오기 위해서는 공인인증서나 아이디, 비밀번호를 받아 금융사에 대신 로그인해서 화면에 뜬 정보를 입력해야 했고, 이체 기능을 제공하기 위해서는 각 핀테크 기업이 은행마다 계약을 맺어 고객이 이체할 때마다 막대한 수수료를 고객 대신 내야 했다.

이런 구조는 핀테크 스타트업에 상당한 진입 장벽이었다. 계좌 정보를 불러오기 위한 스크래핑 방식●은 은행 서비스 화면이 바뀌면 제대로 작동하지 않았고, 개별 금융사미다 그에 맞는 시스템을

● 스크래핑Scrapping 방식: 고객이 제공한 인증 정보를 토대로 대신 서비스에 접속해 고객이 필요한 정보를 자동으로 추출해 제공하는 방식이다.

일일이 개발해야 했다. 고객의 인증 정보를 저장하고 있어야 하는 보안 위험도 존재했다. 개별 은행과 계약을 맺는 것도 엄청난 영업력을 필요로 했기에 조그만 스타트업이 은행과 제휴 맺는 것은 하늘의 별 따기였다. 만일 계약을 체결한다고 해도 수수료를 은행에 지불해야 하는데, 토스의 경우 연간 1천억 원의 수수료를 은행에 지불했다. 이에 정부는 금융사 시스템을 강제로 개방하기로 한다. 바로 2019년 12월에 도입된 오픈뱅킹이다.

오픈뱅킹, 진입 장벽을 무너뜨리다

—

오픈뱅킹은 은행의 시스템을 의무적으로 개방해 다른 금융사나 핀테크 기업이 은행 계좌를 활용한 다양한 금융 서비스를 만들 수 있도록 한 제도다. 이에 핀테크 기업은 개별 은행과의 제휴 없이도 이체, 조회 등 은행의 주요 기능을 활용한 서비스를 만들 수 있게 됐다. 이용 수수료도 기존 대비 5~10% 수준(이체 기준)으로 낮췄다. 도입 속도도 전 세계적으로 유례 없을 정도로 급진적이다. 영국, 호주, 독일 등의 국가에 이미 오픈뱅킹 제도가 도입돼 있지만, 몇몇 금융 상품에 한해 제한적으로 계좌 정보를 조회하는 수준이다. 하지만 우리나라는 정부 주도로 오픈뱅킹에 모든 일반 은행, 인터넷 전문은행, 증권사, 저축은행까지 참여하게 했다. 또한 거의 모든 금융 상품에 대해 계좌 정보 조회와 송금 기능을 의무적으로 개방하

카카오와 네이버는 어떻게 은행이 되었나

게 했다. 비록 제도 도입은 늦었을지라도 이렇게 전면화된 것은 세계 최초다.

덕분에 간편결제 서비스, 간편송금 서비스 등 여러 핀테크 서비스는 잇따라 오픈뱅킹과 연계히며 수수료를 낮추고, 보나 산변하게 금융 서비스를 구현하고 있다. 네이버파이낸셜의 네이버페이, 쿠팡의 쿠페이, SSG닷컴의 쓱페이, 토스, 카카오페이, 뱅크샐러드 등 많은 핀테크 서비스가 빠르게 오픈뱅킹 시스템을 도입했다. 은행도 기존 계좌 정보 외에 추가로 타행 계좌 정보를 불러오며 경쟁 은행 고객을 흡수하려고 한다.

2020년 6월 기준 2,032만 명의 국민이 1인당 평균 2.16개의 계좌를 등록해 오픈뱅킹을 활용하고 있다.[15] 이는 우리나라 경제 활동 인구의 70%를 넘는 수치다. 주요 가입 채널도 핀테크 서비스가 79%로, 오픈뱅킹 제도가 핀테크 서비스의 성장에 기여했다고 볼 수 있다. 2020년 7월 기준 190개 기관이 오픈뱅킹 서비스를 활용할 수 있게 승인됐고, 72개 기관에 이미 서비스가 도입됐다.

토스는 오픈뱅킹 도입 이후 토스 앱을 통해 타 금융기관의 계좌를 조회하는 고객이 크게 늘었다고 밝혔다. 특히 토스와 연동되지 않았던 카카오뱅크가 2020년 5월 말 오픈뱅킹에 참여하자 월 40만 건 정도 발생하던 잔액 조회 요청이 6월에는 1,800만 건으로 급증했다고 한다.[16] 거래 내역 조회 역시 평소 4만 건 수준이었으나, 6월에 90만 건으로 크게 올랐다. 수수료도 많이 절감됐다.

은행도 남몰래 웃음 짓고 있다는 평가다. 은행은 원래 자사의 고유 기능을 공개하면 타격을 입을 거라 여겼다. 그러나 오픈뱅킹 시행 후 몇몇 은행은 고객 유치전을 통해 다른 은행에 있던 고객 자금을 끌어왔고, 다른 은행에 있는 고객 자산 정보를 파악할 수 있게 됐다. 이 정보는 은행이 추후 새로운 금융 상품을 개발하고, 자산 관리 서비스를 고도화하는 데 쓰일 수 있다. 자신의 경쟁력을 강화할 기회를 새롭게 얻은 셈이다.

나아가 은행은 아예 자신들이 보유한 인프라를 외부 기업에 열어두고, 이를 활용해 다른 기업이 여러 서비스를 만들도록 했다. 오픈뱅킹 시행 전, 국내 일부 금융사는 오픈 API 센터를 출시했다. 오픈 API는 금융사에 있는 고객의 정보나 자신들이 제공하는 서비스 기능을 외부에서 활용해 여러 서비스를 구현할 수 있게 하는 프로그래밍 도구다. 이체나 조회와 같은 기능도 각 금융사의 오픈 API로 연동하면 해당 금융사 고객에게 서비스가 가능하다.

이는 은행이 새로운 환경 변화에 유연하게 대응할 수 있게 한다. 혁신적인 여러 서비스를 은행이 모두 직접 만들기는 어렵기 때문에 외부 기업이 자신들의 API를 활용해 서비스를 개발할 수 있도록 한 것이다. 비록 여기서 발생하는 수익은 상당 부분 외부 기업이 차지하겠지만, 은행은 큰 투자 없이 고객에게 제공하는 서비스의 질을 높일 수 있다.

대표적으로 골드만삭스는 여러 상장사의 재무 구조를 분석하고, 위험을 평가하며, 적정 가격을 책정하는 API를 외부에 무료로 공개했다. 나아가 자동화된 투자를 하기 위해 데이터를 분석하고,

카카오와 네이버는 어떻게 은행이 되었나

가격을 추정하고, 거래할 수 있는 기능도 오픈했다. 다만 핀테크 서비스에서 골드만삭스가 제공하는 이 기능을 이용하려면 골드만삭스 계좌와 연동해야 한다. 이를 통해 골드만삭스는 각 플랫폼으로부터 신규 고객을 흡수하는 효과를 얻었디. 이런 변화를 '플랫폼으로서의 은행Bank-as-a-Platform'이라 표현한다. 은행이 직접 모든 서비스를 다 제공하는 것이 아니라 다른 여러 서비스 제공자가 활용할 수 있는 플랫폼으로 작동하게 한다는 의미다.

현재는 오픈뱅킹이 이체, 조회에 한정된 기능만 제공하고 있지만, 점차 시간이 지나면서 여러 추가 기능으로 확대될 가능성이 크다. 핀테크 기업은 금융권에 각 금융사에 개설된 계좌 현황을 일괄 조회할 수 있는 기능을 요구하고 있지만, 현재 이 기능은 고객 정보 보호를 위해 오픈뱅킹에 참여하는 은행 간에만 사용할 수 있도록 제한하고 있다. 추후 핀테크 기업도 고객의 충전금 정보를 다른 업체에게 공개해야 하는 변화가 있다면, 계좌 현황을 일괄 조회하는 기능이 핀테크 기업에도 열릴 수 있다.

머지않아 도래할 '서비스로서의 은행' 시대
—

카드 업계의 최근 화두는 상업자 표시 신용 키드다. 핀테크 기입이나 유통사가 직접 고객의 신용을 평가해서 신용카드를 발급해주기에는 제도적으로 갖춰야 할 게 너무 많아 어렵다. 이에 카드사가 카드 발급 기능과 결제 시스템을 제공하고, 핀테크 기업이나 유통사는 자신의 브랜드를 달고, 고객을 모으는 마케팅 활동을 담당하는 형태로 협업한다. 이렇게 출시된 카드는 브랜드사 자체 라벨을 붙인 카드라 해서 PLCC^Private Label Credit Card라 부른다.

원래 카드사는 PLCC가 기존 제휴 카드와 다르지 않다고 여겨 딱히 관심이 없었다. 무엇보다 시장 규모가 작았다. 그러나 현대카드가 PLCC로 크게 성장하자 상황은 달라졌다. 현대카드는 PLCC 사업 착수 전인 2016년, 고객 수가 679만 명이었지만, 2020년 6월 892만 명으로 급성장한다.[17] 현대카드와 이베이코리아가 함께 내놓은 스마일카드는 출시 2년 만에 100만 장 발급을 눈앞에 두고 있다. G마켓, 옥션, G9 등 온라인 쇼핑몰에서 간편하게 결제할 수 있고, 많은 적립 혜택을 제공해 고객 반응이 뜨겁다. 이 밖에도 현대카드는 코스트코, 대한항공, SSG닷컴, 스타벅스, 배달의민족, 현대·기아차, 무신사 등 여러 브랜드의 카드 발급을 맡고 있다.

PLCC는 외관상 카드사의 색깔을 찾기 힘들다. 제휴한 브랜드 이미지를 가득 담고 있고 제휴사에서 카드 사용자에게 상당한 혜택을 제공하기 때문에 제휴사 서비스를 자주 이용하는 고객들이 주로 발급받는다. 그래서 카드사는 고객 모집 수수료를 들이지 않고도 제휴사의 충성 고객을 신규 고객으로 확보할 수 있다. 현대카드는 PLCC를 통해 고객 한 명당 모집 비용을 2016년 18만 원대에서 2020년 3만 원대 초반으로 낮췄다.

이와 유사한 흐름은 은행으로도 이어질 수 있다. 핀테크 기업이

카카오와 네이버는 어떻게 은행이 되었나

나 유통사 이름을 딴 은행 서비스가 등장하는 것이다. 핀테크 기업이나 유통사는 은행과 제휴를 통해 자신들의 서비스에 뱅킹 서비스를 결합할 수 있다. 예금, 적금, 환진, 대출 등의 서비스를 은행과 제휴해 고객에게 직접 제공하는 것이다. 핀테크 기업이나 유통사 입장에서는 고객에게 추가 혜택을 제공할 수 있고, 은행과 긴밀하게 결합해야 하는 서비스 구현이 가능하다는 장점이 있다. 복잡한 고객 인증이나 자금 세탁 방지 규정은 신경 쓰지 않아도 된다. 은행도 PLCC처럼 각 서비스의 충성 고객과 해당 브랜드에서 발생하는 여·수신 수요를 독식할 수 있다.

이런 은행 기능을 제휴사에 서비스 형태로 제공한다고 해서 '서비스로서의 은행Bank-as-a-Service'이나 상표가 없는 은행이라는 의미로 '화이트 라벨White-label 은행'이라 부른다. 아직 한국에는 없지만, 해외에서 성공 사례가 점차 늘면서 출현 가능성이 점쳐진다.

우버는 2019년 10월 그린닷 은행Green Dot Bank과 제휴해 모바일 지갑 우버 머니Uber Money를 선보였다. 우버를 사용하는 400만 명 이상의 운전기사와 배달 기사가 이 기능을 통해 수입을 즉시 정산받을 수 있게 되었다. 기존처럼 1~2주씩 기다리지 않아도 된다. 우버는 이들에게 우버 머니를 통해 계좌를 만들어주고 금융 서비스를 제공한다.

앞서 소개한 고객에 대한 리워드를 주식으로 제공하는 미국의 스타트업 스태시도 그린닷 은행과 제휴해 은행 계좌를 서비스에 연계했다. 이를 통해 스태시는 고객에게 2억 9천만 원(25만 달러)까지 예금자 보호를 제공하고, 무료로 ATM을 이용할 수 있게 한다.

미국의 차임Chime은 모바일 계좌를 제공하는 서비스로 인터넷 전문은행과 유사하다. 많은 미국 은행은 최소 잔고 기준을 채우지 못하면 계좌 유지 수수료가 존재하는데, 차임은 이를 없앴다. 이뿐만 아니라 마이너스 통장 수수료나 해외 거래 수수료 등 여러 수수료를 없앤 통장을 제공한다. 이는 차임이 직접 제공하는 것이 아니라 뱅코프 은행Bancorp Bank과의 제휴로 이뤄진다. 고객은 차임의 은행 계좌를 쓰고 있다고 인식하지만, 실제로는 뱅코프 은행을 이용하고 있는 셈이다.

마이데이터 시대에는
데이터가 돈이다

우리가 무엇을 좋아하고, 어떤 결정을 하며 사는지 가장 잘 아는 존재는 누구일까? 대부분 부모님이나 친구를 떠올릴 것이다. 그러나 세계적인 철학자 유발 하라리Yuval Noah Harari는 이 질문에 구글이라 답했다.[18] 구글은 우리가 그간 남긴 수많은 데이터를 기반으로 우리의 행동을 수집하고 예측한다. 이에 우리가 좋아할 만한 책이나 영상, 장소 등을 미리 파악하고 추천한다. 구글 빅데이터 알고리즘은 인류 역사상 가장 예측력이 높은 존재일 것이다.

산업에서는 데이터를 원유Crude Oil라 표현한다. 원유는 화석 경제 시대를 이끈 핵심 원료로 현대 사회에서는 데이터가 산업을 움직이는 가장 중요한 동력이라는 뜻이다. 고객의 필요를 빠르고 정확하게 포착하는 데 사용자의 데이터보다 더 핵심적인 원료는 없을 것이기 때문이다.

핀테크 역시 마찬가지다. 고객의 여러 데이터를 분석해서 그들이 좋아할 만한 금융 상품을 개발하고 추천하는 것, 나아가 그들의 일상에 서비스를 녹여내는 것이야말로 모든 금융 회사와 핀테크 기업이 꿈꾸는 바다. 그러나 이런 데이터는 각 기업에 혼재돼 있고, 개인정보 이슈로 기업 간에 공유가 쉽지 않다. 이에 정부가 총대를 메고 나섰다. 관련 법을 개정하며, 각 기업이 보유한 사용자 데이터를 고객이 요청할 경우 다른 기업에 전달하도록 의무화했다.

데이터 3법 개정에 따른 마이데이터의 등장
—

2020년 1월 '데이터 3법*'이 국회를 통과했다. 데이터 3법의 핵심은 가명정보 도입이다. 데이터를 활용할 때는 데이터를 통해 특정인을 식별할 가능성 때문에 개인정보를 침해할 소지가 있다. 이에 기업이나 기관들이 사용자 데이터를 활용하기 위해서는 여러 규제를 넘어야 했다. 그러나 개인정보 보호에 관한 법률이 여러 부처별로 나뉘어 있고, 불필요할 정도로 많은 규제가 중복해서 발생했다. 이에 국회는 개인을 식별할 수 없도록 비식별처리를 하고 가

● 데이터 3법: '개인정보 보호법', '신용정보의 이용 및 보호에 관한 법률(신용정보법)', '정보통신망 이용 촉진 및 정보보호 등에 관한 법률(정보통신망법)'의 개정안을 말한다.

명정보를 만들어서 이 데이터는 개인의 동의 없이 활용할 수 있게 했다.

안전하게 비식별처리된 가명정보는 기존에 개인정보 문제로 활용할 수 없었던 여러 데이터를 기업들이 새로운 서비스나 기술, 상품을 개발하는 데 활용하게 한다. 유럽연합은 이미 2018년부터 GDPR**을 통해 모든 연구에서 가명정보를 사용할 수 있게 허용했다. 더불어 데이터 3법 중 신용정보법 개정안이 금융권과 핀테크 기업에 많은 변화를 야기할 것이다. 신용정보법 개정안에는 은행, 카드사, 보험사, 핀테크 기업 등 금융 서비스 회사들이 금융 분야에 축적된 데이터를 광범위하게 활용할 수 있게 하는 내용이 담겨 있다.

첫째, 신용평가 시장에 대한 진입 규제를 완화했다. 원래 신용평가(신용조회)를 하는 회사는 영리 목적으로 다른 사업을 겸업하는 것을 금지하고, 50억 원 이상의 최소 자본금 규정이 있었다. 그래서 신용평가를 보다 정확하게 할 수 있는 데이터나 시스템을 갖고 있는 기업이 있어도 신용평가 사업을 시작하기가 쉽지 않았다. 하지만 바뀐 제도에서는 통신료, 전기, 가스, 수도 요금과 같은 비금융 정보를 활용해 개인의 신용을 평가하는 비금융 정보 전문 신용조회사를 만들 수 있게 했고, 최소 자본금도 5억 원으로 낮췄다. 고

•• GDPRGeneral Data Protection Regulation: 유럽연합의 개인정보 보호 규정으로 기업이 EU 가입국에서 발생한 거래에 대해 EU 국민의 데이터와 개인정보를 보호하고, 표준화하기 위해 제정했다.

객의 지불 정보를 보유한 카드사 역시 참여 가능하다.

둘째, 고객이 자신의 개인정보에 대한 통제권을 높이는 장치가 마련됐다. 개인정보를 활용하기 위해 받는 정보활용동의서는 내용을 단순화하고, 정보를 활용할 기관과 목적에 따라 개별적으로 동의 여부를 선택할 수 있게 했다. 고객이 요청할 경우 신용 정보를 즉시 삭제할 수 있고, 금융 회사에서 자동화된 방식으로 신용평가가 이뤄졌을 때, 이 신용평가 과정에 대한 설명과 이의 제기를 가능하게 했다. 고객은 금융사가 신용평가 과정에서 자신의 어떤 데이터를 활용했는지 설명을 요구할 수도 있다.

마지막으로 마이데이터 산업을 도입했다. 마이데이터 사업자는 금융권이나 공공기관에 산재한 고객의 여러 신용 정보를 통합해 일괄적으로 조회 및 관리할 수 있게 하는 서비스를 제공한다. 고객이 마이데이터 사업자를 통해 금융사나 공공기관에 자신에 대한 신용 정보를 제공할 것을 요구할 수 있는 것이다. 마이데이터 사업자는 이 정보로 고객이 자신의 신용을 관리할 수 있게 돕고, 금융 상품을 추천하는 등 여러 서비스를 제공할 수 있다.

특히 마이데이터 사업자가 되기 위한 기준에는 큰 제한이 없다. 핀테크 기업뿐 아니라 은행, 카드사, 보험사 등 모든 금융 회사와 IT 기업, 신용평가사, 통신사까지 참여할 수 있다. 하나의 금융 지주사에서 여러 계열사가 각자 마이데이터 사업을 진행하는 것도 가능하다. 때문에 같은 계열사 간 경쟁이 있을 수 있다.

제공 가능한 정보 범위도 넓다. 마이데이터를 도입한 해외에서

카카오와 네이버는 어떻게 은행이 되었나

는 금융사가 제공해야 할 정보가 많지 않다. 2017년 마이데이터 정책이 먼저 시행된 영국과 2018년 도입한 유럽연합은 결제 계좌에 관한 정보만을 제공 범위로 실정했다. 반면 우리나라는 예금, 카드, 대출, 보험, 금융 투자 상품 등 폭넓은 금융 상품에 대한 정보를 제공하도록 규정한다. 마이데이터 사업자가 훨씬 다양한 서비스를 제공할 것으로 예상하게 되는 대목이다.

자산 관리 서비스의 시작

———

이런 변화는 많은 사람들이 자신의 신용을 잘 관리하고, 금융 서비스를 더 원활히 쓰게 하는 데 상당한 기여를 할 것이다. 비금융 정보로 신용평가를 할 수 있게 하면 금융 이력이 부족해서 신용평가가 불가능했던 사람도 평가가 가능해진다. 현재 개인의 신용평가는 카드, 대출과 같은 금융 정보를 중심으로 이뤄진다. 그래서 최근 몇 년간 카드나 대출을 이용한 기록이 없는 사람은 제대로 신용평가하기 어렵다. 일부 신용평가사는 리스, 렌털 업체들로부터 고객의 체납 정보를 받아 활용하지만, 특정 업체의 기록만 쓰인다는 점에서 정보의 정확성이나 평가 공정성이 떨어진다. 하지만 비금융 정보는 사회 초년생이니 주부 등 금융 기록이 부족한 소비자도 통신료나 전기, 가스 요금 납부 이력, 쇼핑 내역 등을 활용해 신용평가를 받을 수 있다. 이들의 금융사 거래 조건도 개선될 것이다.

자산 관리 서비스도 본격화된다. 그동안 핀테크 서비스는 고객의 금융 정보를 파악하기 위해 고객의 공인인증서나 아이디, 비밀번호를 받아 대신 로그인한 뒤 화면에 나타난 정보를 긁어 가져왔다. 서비스를 제공하는 기업 입장에서는 이런 행위를 고객마다 은행, 카드, 보험, 증권사에서 각각 해야 했을 뿐 아니라, 공인인증서가 갱신되면 고객에게 인증을 다시 요구해야 해서 연속성 있게 서비스를 제공하기가 힘들었다. 하지만 이제는 고객 요청을 받기만 하면 손쉽게 각 금융사로부터 규격화된 데이터를 얻을 수 있다.

받을 수 있는 데이터도 더 다양해졌다. 고객의 금융 상품 사용 현황을 전방위적으로 받아볼 수 있는데, 계좌, 대출, 카드, 보험, 보험 대출, 증권 계좌, 금융 투자 상품, 전자지급수단 등 사실상 모든 금융 정보가 대상이다. 이를 통해 마이데이터 사업자는 막강한 수준의 자산 관리 서비스를 제공할 수 있게 된다.

간단하게는 고객의 파편화된 자산 정보를 보여주는 게 가능하다. 이를 토대로 저축이나 재테크하는 방법을 제공할 수 있고, 절세 방법이나 카드 사용 시 혜택받을 수 있는 방법 등을 알려줄 수 있다. 대출 이자를 내거나 보험료를 납부하거나 세금을 내야 할 때, 이를 미리 알려주는 것도 가능하다.

나아가 다양한 금융 상품을 추천할 수 있다. 고객의 현재 소비 습관이나 금융 서비스 이용 정보를 토대로 가장 큰 혜택을 받을 수 있는 상품을 추천한다. 미래 현금 흐름을 추정하고 생애 주기별로 필요한 상품을 제시할 수 있다. 특히 대출 상품의 경우 고객이 충

카카오와 네이버는 어떻게 은행이 되었나

분한 대출 한도를 보장받고 있지 못하거나 높은 금리를 부담하고 있다면 다른 대출 상품으로 바꿀 것을 권할 수도 있다. 보험 상품은 고객이 가입 중인 보험을 분석해서 납입액이 더 저렴하거나 보장 범위가 넓은 상품을 권할 수 있다.

이밖에 마이데이터 사업자는 고객의 대출 금리가 높을 때 금리 인하를 요구한다거나 대출 금리나 보험료를 산정할 때 이 결정에 대한 설명 요구나 이의 제기를 대행할 수 있다. 이론적으로는 마이데이터 사업자가 대출 중개, 보험 중개, 자산 관리, 투자 자문 및 일임 등 대부분의 금융 서비스를 제공할 수 있다. 만약 마이데이터 사업 범위가 금융에서 건강, 의료, 제조 등으로 넓혀진다면 제공 가능한 사업의 범위는 더 다양해진다. 예를 들어 바이오 정보, 보험 정보 등을 연계하면 스마트 헬스케어 사업이 가능해지고, 소비 정보와 제조 정보를 연계해 스마트 공장 사업을 착수할 수도 있다. 자산 정보와 거주 데이터를 연계하면 매물 상담과 주택 대출 상품 연계가 가능하다.

미국의 개인자산관리 기업 인튜이트는 고객이 자신의 자산이나 신용을 관리할 수 있는 온라인 재무관리 서비스 '민트Mint'를 제공한다. 민트는 은행 계좌, 투자 계좌 등 다양한 금융 정보를 한 번에 모아주는 통합 계좌 서비스다. 또한 인튜이트는 고객이 세금을 계산하고, 신고하는 프로그램인 터보텍스TurboTax를 통해 돈을 벌기도 한다.

인튜이트는 2020년 2월 개인 고객을 대상으로 신용 점수를 무료로 제공하는 서비스 크레딧 카르마Credit Karma를 인수하기도 했다. 크레딧 카르마는 미국 밀레니얼 세대를 중심으로 1억 명가량의 회원을 보유한 기업이다. 재무 정보가 충분하지 않은 고객에게 자산 현황 모니터링, 신용카드 신청, 대출 신청, 세금 신고 등의 서비스를 제공한다. 인튜이트는 크레딧 카르마 인수를 통해 고객 기반을 확대하는 한편, 자산 관리 서비스 수준을 높일 것으로 예상된다.

한국에서는 이들보다 수집할 수 있는 데이터와 산업 참여자가 더 다양한 만큼 더 큰 파급력을 지닌 서비스가 등장할 전망이다. 가장 앞선 서비스는 뱅크샐러드다. 이들은 고객의 자산과 소비 정보를 모아 가계부를 만드는 기능을 제공하면서 고객의 결제 데이터를 분석해 금융 상품을 추천하고, 가입을 중개하며 돈을 번다. 현재 제일 많은 매출은 카드 발급 중개 부문에서 발생하는데, 월 5천 장가량 신용카드를 발급하고, 건당 8만 원 수준의 수수료를 받는 것으로 알려졌다.[19]

개인정보 침해인가, 데이터 주권인가
—

다만 개인정보 침해 가능성이 상당 수준 존재할 것이다. 만약 사용자가 마이데이터 서비스를 여러 곳에서 이용할 경우, 굉장히 피곤한 일이 발생할 수 있다. 예를 들어 항공사에서 카드 결제를 했다고 가정해보자. 이때 은행에서는 "여행을 가기 위한 예산을 설정해보고, 필요한 경우 저렴한 신용 대출을 받아봐라", 카드사에서는 "여행 할인 혜택이 있는 카드를 발급해보라", 보험사에서는 "여행자 보험 상품에 가입하라", 핀테크 서비스에서는 "이 모든 걸 쉽게 비교해보라"는 푸시 메시지가 동시다발적으로 날아올 수 있다. 물론 마이데이터 사업자가 고객에게 정보 제공을 요청할 때는 약관 동의를 받겠지만, 실제로 이 약관을 꼼꼼하게 읽어볼 고객이 얼마나 존재할까. 마이데이터 사업자의 서비스는 고객 입장에서 이득일 수도 있지만, 몇몇 상황에서는 불쾌함과 피곤을 느끼게 할 것이다.

또한 마이데이터 서비스에서 고객 정보가 유출되거나 고객 계정 정보를 해킹당하면 피해가 상당할 것이다. 정부에서 고객 정보 보호를 위해 여러 보안 검증을 거친 후 사업 허가를 내주고, 강력한 본인 인증 절차를 거치게 하며, 정보 유출에 대한 배상 보험에 의무적으로 가입하게 했지만, 마이데이터 서비스를 제공할 기업의 수가 워낙 많고, 개별 기업이 보유한 데이터도 너무 광범위하다 보니 자칫 한두 곳에서라도 고객 정보 탈취가 벌어지면 사회적 파장이 심각할 것이다.

특히 금융위원회는 신용정보법 개정안의 시행령에서 개인 신용 정보 범위에 쇼핑 정보를 포함했다가 논란을 야기했다. 이베이 코리아, 11번가, 쿠팡, 인터파크 등에서 고객이 주문한 내여을 마이데이터 사업자가 받아볼 수 있도록 의무화한 것이다. 마이데이터 사업에는 관심도 없던 온라인 쇼핑 사업자들은 분노를 표하며 맞서고 있다.

이는 네이버, 카카오와 같은 기업이 가진 쇼핑 정보도 공개해야 공정하게 경쟁할 수 있다는 금융사의 불평을 금융위원회가 받아주며 등장한 지침이다. 금융사가 보유한 금융 데이터를 내놓으니 네이버 같은 기업도 고객의 주문 이력을 제공하라는 주장이다. 그러나 금융위원회가 마이데이터 사업에 참여하지 않는 쇼핑몰 사업자에게도 데이터 제공을 요구하며 논란이 촉발됐다. 이에 관련 협회에서는 반발하고 있다.

쇼핑몰의 주문 내역에는 상당히 민감한 정보가 포함되어 있다. 숙박업소 이용 기록이나 건강식품, 요실금 팬티, 임신 용품, 성인 용품과 같은 매우 사적이고 민감한 구매 정보 데이터가 공유된다는 게 알려지면 마이데이터 산업에 대한 부정적인 시각이 늘어날 것이다. 현재 금융위원회에서 개인정보의 범위와 정보 교환 범위를 확정하기 위해 업계와 대화를 이어가고 있는데, 어떤 접점을 모으게 될지 귀추가 주목된다.

카카오와 네이버는 어떻게 은행이 되었나

화폐의 미래,
암호화폐에서 디지털 화폐까지

2017년은 비트코인을 빼놓고는 이야기할 수 없다. 암호화폐 열풍이 불며 모든 언론과 기업이 블록체인과 암호화폐를 조명했다. 소위 암호화폐의 대장이라 불리는 비트코인 가격은 2017년 1년 새 16배, 이더리움은 95배 올랐다. 한 시사 프로그램에서는 비트코인 광풍을 다루며 8만 원 투자해서 280억 원을 번 20대를 소개했다. 인터뷰 중에 이 사람의 자산이 30억 원가량 늘어나며 담당 PD가 패닉에 빠지는 모습이 방송을 타기도 했다.

그러나 암호화폐 가격은 각국 정부가 잇따른 규제를 내놓고, 시스템의 불안정성이 드러나면서 폭락했다. 한국에서는 암호화폐 거래소를 폐쇄할 가능성까지 내비치고, 거래소에 돈을 충전하기 위한 가상 계좌도 막았다. 유저가 늘자 블록체인 성능이 지나치게 떨어지는 문제도 드러났다. 일부 암호화폐에서는 몇몇 참여자가 암호화폐 체계 전반을 조종해 취약한 거버넌스Governance 문제가 불거지기도 했다.

그러나 암호화폐 가격 대폭락 후, 비트코인은 이를 금Gold과 같은 안전 자산으로 보는 이들의 투자에 힘입어 조금씩 가격이 오르고 있긴 하다. 또한 기존 금융권이 지니고 있던 문제를 해결하려는 여러 프로젝트가 줄을 잇는다. 이런 움직임에는 '한탕' 해보려던 세력이 줄고, 중앙은행이나 글로벌 IT 기업이 중심을 이루고 있다.

블록체인이 남긴 암호화폐와 디파이

—

블록체인은 공용 장부Ledger를 만드는 기술이다. 블록체인에 참여하는 여러 사람은 모두가 동일한 장부를 갖고, 일정 시간 동안 각자에게 발생한 거래를 모아 확인 과정을 거친다. 이후 내용을 동기화해서 모든 거래를 각자 장부에 기록한다. 이 과정을 거치다 보면 모두가 같은 내용의 장부를 가지게 되고, 만약 누가 마음대로 내용을 바꾼다 해도 다른 사람들이 이미 자기 장부에 과거의 기록을 다 남겨둔 상태라 적발할 수 있다.

이런 공동의 장부를 유지하면 굳이 다른 중개인에 의존해 거래할 필요가 없어진다. 우리는 누군가에게 돈을 보낼 때 은행을 이용하는데, 이 거래 과정에서는 실제 현금을 주고받지는 않는다. 은행은 자신의 데이터베이스상에 돈을 보내는 사람의 잔액을 요청한 금액만큼 차감하고 돈을 받는 이의 잔액에 그만큼의 돈을 더한다. 그 대가로 은행은 송금 수수료를 챙긴다.

그러나 블록체인을 활용하면 은행 없이 돈을 보내는 게 가능하다. 블록체인상에서는 내가 가진 자산을 다른 누군가에게 보낸다고 다른 모든 참여자에게 알리면 된다. 그러면 모두의 장부에 내 잔액은 줄어들게 기록되고, 돈을 받는 이의 잔액은 그만큼 늘어나게 기록된다. 모든 사람이 발생한 모든 거래를 매시간 기록해야 한다는 번거로움은 있지만, 은행에 비싼 수수료를 지불할 필요는 없다. 은행의 서버가 공격받거나 은행이 나쁜 마음을 먹는 걸 걱정할 필요도 없다.

은행 중심의 금융 거래에서는 은행이 사람들의 거래를 중개하면서 수수료를 받고, 여기서 발생하는 정보도 독점한다. 이 정보로 여러 경제적 가치를 지닌 서비스를 제공해도 이로 인한 이익은 은행에 귀속된다. 보안 측면에서도 모든 거래 정보가 은행에만 있기에 사고에 취약하다. 2011년에는 국내 한 대형 은행의 전산망이 공격받으면서 30분 만에 서버의 절반이 파괴되는 사태가 발생하기도 했다. 일부 거래 내역은 영영 복구에 실패했다.

블록체인은 이런 중개자로부터의 리스크를 없앨 가능성을 보여줬다. 중개자 없이도 거래를 투명하고, 더 안전하게 만들었다. 다만 모든 사람이 장부를 각자 갖고 있어야 하는 데다, 개개인에게 발생한 거래를 모두가 기록해야 하는 것은 비효율적이었다. 각자의 프라이버시가 지켜지지 않았고, 기록할 때 각자임을 증명하는 데 필요한 인증 이슈도 해결이 필요했다. 이에 블록체인은 산업적으로 몇몇 사업에만 제한적으로 적용됐을 뿐, 널리 확산되지는 못했다. 하지만 두 가지의 가능성을 남겨줬다.

첫째, 암호화폐다. 여러 사람이 함께 블록체인 기반의 장부를 만들고, 어떤 규칙에 따라 가상의 돈을 생성하기로 한다. 그리고 각 참여자는 이 장부를 활용해 가상의 돈을 안전하게 저장하고, 다른 사람에게 전송할 수 있다. 가장 대표적인 것이 비트코인이다. 이런 가상의 돈은 실제 현금과 교환되며 사실상 화폐로 기능하기도 한다. 대표적으로 베네수엘라나 아르헨티나, 아프리카의 일부 국가는 자국 통화가 가치를 잃어 비트코인이 가치를 담보하는 수단으로 활용되기도 한다.

다른 하나는 디파이DeFi, Decentralized Finance다. 이는 탈중앙화된 금융이란 뜻인데, 이들은 블록체인으로 중앙화된 기관 없이 중앙은행, 은행, 카드, 증권, 보험사의 기능을 구현한다. 블록체인상에서는 사용자들끼리 서로 일정한 규칙을 정하고, 어떤 조건이 갖춰지면 자동으로 특정한 이벤트가 발생하게 할 수 있다. 예를 들어 화폐를 더 발행하거나 사용자에게 이자를 지급하거나 대출을 제공하는 조건을 설정할 수 있다. 이 경우 금융사가 수행하던 기능을 개별 블록체인 프로젝트 내에서 구현할 수 있다.

다만 현재 시점에 이런 디파이 프로젝트가 성공하기는 쉽지 않다. 기존 금융사들이 해오던 수많은 사회경제적 기능을 미리 정해

카카오와 네이버는 어떻게 은행이 되었나

진 규칙만으로 구현하는 것은 불가능에 가깝다. 특히 새로운 문제에 직면했을 때 어떤 방식으로 결정할지에 대한 거버넌스 문제는 합의를 끌어내기 어렵다. 회의적인 시각이 지배적인 가운데 최근 비트코인의 가격이 다시 상승하면서 몇몇 디파이 프로젝트에 관한 관심도 증가하고 있다.

디지털 위안화로 살펴본 디지털 화폐 경쟁
—

각국의 중앙은행에서도 디지털 화폐를 검토하려는 움직임이 활발하다. 국제결제은행BIS에 따르면 전 세계 66개 중앙은행 중 80%가 디지털 화폐를 검토하고 있다. 이들은 자신들이 자체적으로 디지털 화폐를 발행할 것을 연구 중이다. 이를 중앙은행이 발행한 디지털 화폐라 해서 CBDCCentral Bank Digital Currency라 부르기도 한다. 다만 이들은 암호화폐의 탈중앙화 철학을 앞세우지는 않는다. 대신 블록체인을 디지털 화폐를 구현하는 과정에 부분적으로만 활용한다. 이에 한국은행도 참여하고 있다.

가장 앞선 것은 중국이다. 이들은 현금 화폐를 대체하기 위해 디지털 화폐인 '디지털 위안화' 발행을 준비하고 있다. 2014년부터 이를 검토해왔다. 특히 2020년 4월부터는 심천 등 네 개 대도시에서 파일럿 테스트를 진행했고, 8월에는 베이징을 포함한 28개 지역으로 확대했다. 일부 공무원, 공공기관 직원들에게는 교통 보조금의 절반가량을 디지털 화폐로 지급하고 있다. 앤트그룹, 텐센트 등 중국 기업 외에도 맥도날드, 스타벅스, 서브웨이 등 글로벌 기업들도 시범 사업에 참여했다. 중국은 2020년 말까지 구체적인 정책 설계를 마무리하고, 2022년 베이징에서 열리는 동계 올림픽부터 본격적으로 디지털 위안화를 보급하려 한다.

디지털 화폐는 2단계 시스템을 통해 보급되는데, 중국의 중앙은행인 인민은행이 디지털 위안화를 각 은행에 지급하면 은행은 100%에 해당하는 준비금을 인민은행에 예치한다. 이후 각 은행은 고객에게 디지털 위안화를 지급해 유통한다. 디지털 위안화는 실물 위안화에 연동되고, 국가가 보증하기에 가치 변동은 없다. 테스트 과정에서 알려진 디지털 위안화는 알리페이나 위챗페이 등 전자결제 서비스와 유사하게 작동하지만, 이를 현실에서 지폐처럼 이용할 수 있게 추가적인 장치를 고안했다.

우선 디지털 위안화는 스마트폰 내 모바일 지갑 앱에 저장된다. 이 지갑에 현금을 충전해 QR코드 방식으로 오프라인에서 결제하거나 개인 간 송금을 할 수 있다. 이때 사용자 간에 돈을 송금하는 것은 은행 계좌와의 연동 없이 모바일 지갑만으로 이용할 수 있다.

또한 인터넷에 연결되지 않은 상황에서도 결제할 수 있다. 일반적인 전자결제 서비스가 자신들의 서버를 통해서만 결제가 이뤄지도록 하는 것과 달리 디지털 위안화의 모바일 지갑은 근거리무선통신NFC 기능을 통해서 사용자 간에 돈을 주고받을 수 있다. 이런 발 빠른 중국의 시도는 전자결제 서비스를 견제하는 한편, 디지털

중국 28개 지역에서 시범 운영 중인 디지털 위안화의 모바일 지갑 앱이다. 디지털화된 위안화를 사람 간에 주고받고, 결제할 수 있게 만들어졌다. 화면 구성은 일반적인 간편송금 서비스들과 유사하다.

을 통해 위안화의 위상을 높이는 데 기여할 것으로 보인다.

하지만 그렇게 되면 정부가 자금 흐름을 쉽게 확인할 수 있게 된다는 문제가 생긴다. 디지털 위안화를 쓰면 중앙은행에서는 모든 거래 데이터를 파악할 수 있다. 이는 자금 세탁이나 도박, 테러에 사용되는 자금을 막고, 탈세를 차단할 수 있다는 장점이 있지만, 정부가 개인의 모든 거래 정보나 자산 정보를 감시하며 사생활을 침해하는 데 쓰일 여지도 있다.

이런 중국의 움직임을 미국은 상당히 경계하는 눈치다. 중국이 디지털 위안화를 보급하고, 만약 국제결제시스템도 각국에 보급한다면 미국이 주축이 된 스위프트● 망을 이용하지 않고도 국제 은행 간 결제를 진행할 수 있게 된다. 현재 해외 송금에 사용하는 스위프트 망 대신 중국이 개발한 망을 사용할 수 있게 되는 것이다. 이러면 미국에 의존하지 않고 미국의 제재 대상국인 이란이나 반미 성향을 띤 베네수엘라, 러시아 등의 국가와 거래하는 것이 가능해진다.

실제로 2015년 중국은 자신들의 주도하에 국제 은행 간 결제 시스템인 CIPS China International Payment Service를 설립했다. 스위프트 망에 비하면 2%도 안 되는 결제액을 처리하고 있긴 하지만, 2020년 7월 기준 97개 국가의 984개 금융기관과 연계하며 충분한 인프라는 구축한 상태다.[20]

● 스위프트SWIFT: 국제 외환 거래 시 전 세계은행이 공동으로 사용하는 네트워크를 말한다.

카카오와 네이버는 어떻게 은행이 되었나

핀테크 시대,
은행은 어떻게 변할까

10여 년 전부터 고객들이 서서히 디지털 채널로 옮겨가면서 금융사들은 비용 절감을 위해 지점을 줄이려 했다. 하지만 스마트폰을 어려워하거나 보안을 걱정하는 고객은 여전히 많았고, 이들은 지점 방문을 더 선호했기에 진척이 더뎠다.

그러나 코로나로 전 세계적인 봉쇄령이 이어지면서 지점에 방문하는 고객이 확연히 줄자 은행들은 빠르게 지점을 감축해갔다. 2020년 4, 5월 기준 은행 지점에 방문한 고객은 전 세계적으로 전년 동기 대비 30% 이상 감소했다.[21] 특히 개인 고객을 중심으로 영업하는 은행들은 2020년 2분기 기준 전체 지점의 25%가량을 폐쇄했다.[22] 이렇게 많은 지점이 문을 닫는 동안, 고객들은 디지털 채널에 완전히 적응해갔다.

하지만 지점의 폐쇄가 계속해서 이렇게 급속히 이뤄지지는 못할 것이다. 지점에 있는 은행 직원을 빠르게 감축할 경우 영업에 지장이 생길 뿐 아니라 노조의 반발에 직면하게 된다. 정부에서도 급격한 변화는 부담스럽다. 은행 지점을 없애면 고령층, 외국인 고객의 불편이 발생하고, 지점 주변의 정보 수집과 분석이 어려워져 지역 내 새로운 기업 탄생이 줄어든다는 연구도 있다.[23]

비대면 채널 부상에 따른 오프라인의 역할 변화

—

아마존이 등장했을 때 주변의 모든 쇼핑몰이 망할 것 같았지만, 월마트는 보란 듯이 잘 성장하고 있다. 오히려 아마존이 오프라인에서 기회를 찾으며 유기농 슈퍼마켓 홀푸드마켓을 인수하고, 무인 편의점 아마존고Amazon Go를 열고, 오프라인 서점인 아마존 북스Amazon Books를 선보였다. 아마존닷컴에서 평점 4.0 이상을 받은 상품만 모아 파는 아마존4스타Amazon 4 Star 가게도 냈다.

온라인이 활성화될수록 오프라인 채널은 디지털 채널과 차별화된 가치와 경험을 주기 위해 노력하고 있다. 마트는 신선식품이나 배달에 더 집중하고, 백화점은 식당이나 명품 매장을 늘리고, 서점은 카페를 함께 운영하면서 매장에 큰 책상을 비치해 고객들이 쉴 수 있는 공간을 제공한다.

은행 역시 마찬가지다. 과거 사람들은 모든 금융 업무를 은행

카카오와 네이버는 어떻게 은행이 되었나

에서 처리했다. 그래서 은행은 집이나 회사 가까이에 있는 게 중요했고, 직원들의 업무도 단순 반복적인 업무가 많았다. 그러나 디지털 채널이 보편화된 지금, 은행은 1년에 고작 서너 번 방문하는 곳이 됐다. 특별히 상담을 받아야 한다거나 반드시 오프라인을 거쳐야 할 업무가 아니고는 우리는 더 이상 은행에 가지 않는다. 은행이 생활 반경에서 좀 멀리 떨어져 있어도 상관없다. 또한 은행 직원들에 대한 기대도 달라졌다. 모바일 뱅킹에서 할 수 있는 뻔한 일을 부탁하지 않는다. 상담에서는 더욱 전문적인 조언을 바라고, 단순한 업무는 아주 빨리 끝낼 것을 요구한다. 이렇게 바뀐 환경에 맞춰 은행을 비롯한 금융 회사의 오프라인 지점들은 진화를 시작했다.

우선, 금융 상담이 가능한 인력을 키우고, 영업점의 상담 비중을 높인다. 오프라인에서 진행해야만 하는 단순 업무는 몇 년 사이에 대폭 줄어들었고, 고객은 투자, 세무, 연금 등 자산 관리나 금융 상품 이용 중 심층적인 상담이 필요한 때만 지점에 간다. 이에 은행은 기존 창구에서 여러 단순한 업무를 수행하던 일반 직원은 줄이고, 깊이 있는 상담이 가능한 전문 직원을 늘린다. 기존 창구 직원들에게는 재교육을 통해 자산 관리사, 재무 설계사 등의 자격을 갖추게 한다.

두 번째로 단순 반복적인 업무는 축소하고, 업무를 극도로 효율화한다. 여전히 은행 직원들은 서류를 작성하고, 스캔하고, 복사하고, 다시 고객에게 추가 서류를 요청하는 등의 단순한 업무에 긴 시간을 허비한다. 이에 은행은 현장에 디지털 브랜치, 디지털 키오스크, RPA Robotic Process Automation 등을 도입해 직원들이 효율적으로 일하게 돕는다.

마지막으로 디지털 채널과 연계를 늘린다. 기존에는 오프라인 채널과 디지털 채널이 별개인 양 운영됐다. 은행 직원들은 고객에게 앱 설치를 권유하면서 정작 고객이 모바일 뱅킹을 사용하다 문제가 발생하면 해결해줄 수 없는 경우가 많았다. 직원들은 고객이 어느 단계까지 진행했는지, 어디서 문제가 발생했는지 알지 못했다. 일반 직원들은 디지털 채널에서의 고객 정보에 100% 접근할 수 없었기 때문에 일어난 모습이다.

앞으로는 이런 현상이 줄어들 것이다. 직원들은 디지털 채널에서도 고객을 도울 수 있고, 오프라인에서 디지털 채널의 금융 상품을 고객이 더 적극적으로 활용할 수 있도록 할 것이다. 디지털 채널을 이용하다가 상담을 신청한 고객은 지점의 직원과 화상으로 상담하는 등 디지털 채널과 오프라인 채널의 경계는 점차 옅어질 것이다.

이에 오프라인 지점의 구조도 달라진다. 일부 플래그십 지점을 제외한 대다수 지점은 지금만큼 거대할 필요가 없다. 창구 뒤로 보이는 직원들의 넓은 업무 공간은 디지털화를 통해 상당 부분 축소하고, 대신 고객과의 개별 상담 공간을 늘린다. 상담 공간은 고객이 편하게 이야기를 나눌 수 있도록 카페 같은 분위기를 연출한다. 입출금, 환전, 카드 발급과 같은 단순 업무는 입구에 있는 키오스크에서 고객이 직접 진행하게 한다.

진화하는 일본 은행

—

보수적인 일본의 은행들도 지점망을 꾸준히 최적화하고 있다. 지점에 방문하는 고객이 감소하면서 이들은 지점을 통폐합하고, 각 지역의 특성에 맞게 여러 미래형 점포 모델을 개발했다. 주로 지주 내 모든 계열사의 거래가 가능한 큰 규모의 허브 지점, 작은 규모의 위성 지점, 고객 상담 중심으로 운영하는 컨설팅 지점, 역이나 변두리 지역의 스마트 출장소 또는 이동식 지점, 최신 기술을 선제 도입하는 플래그십 지점 등으로 형태를 달리한 점포를 세우고 있다.

이러한 변화에 가장 선도적인 미쓰이스미토모 은행SMBC은 현재 개인 고객 대상 지점 430여 개를 개편 중이다. 2017년 이미 103개 지점이 전환됐고, 2020년 이내에 모든 지점의 전환을 마무리할 계획이다. 이들은 지점을 네 가지 형태로 구분한다. 먼저, 그룹사 공용 지점이다. 이 지점은 SMBC 그룹의 은행, 증권, 신탁 등 모든 업무를 제공한다. 로비, 리셉션 공간을 공유해 공간 활용도 효율화했다. 다음은 개인화 지점으로, 긱 고객에게 전문화된 상담을 제공한다. 고객은 각자 분리된 공간에서 담당 직원과 1 대 1로 상담을 받는다. 예약 전용 지점은 인터넷 또는 전화로 예약한 후 방문하는 지점으로 대기시간 없이 바로 은행 업무 처리가 가능하다. 마지막으로 디지털 지점은 역 주위에 있는 지점으로 여러 대의 태블릿을 비치해 고객이 스스로 은행 업무를 볼 수 있게 한다.

이 네 가지 형태의 지점 모두 고객을 위한 공간이 80% 이상을 차지한다. 고객과 상담하는 직원 외에 지점 직원은 한두 명만 배치하고 일부 지점의 경우 아예 창구를 없앴다. 현금 입·출금은 ATM이나 키오스크에서 하고, 다른 모든 업무는 태블릿을 통해 진행한다. 처리해야 할 현금과 종이가 사라지니 직원들의 공간도 굳이 필요하지 않다. 줄어든 공간은 모두 고객에게 제공한다. 어떤 사람이든 SMBC에 와서 급한 일을 처리하거나 시간을 보낼 수 있다.

미쓰비시UFG MUFG 은행은 500여 개의 지점을 2023년까지 절반가량으로 줄이겠다고 밝혔다. 대다수 점포에 디지털 키오스크를 두고, 직원을 최소한으로 배치해 지점에서 생긴 여유 인력과 공간은 상담 업무로 배정한다. 저금리 시대로 돈 불리기가 어려워지는 가운데, 고객에게 자산 관리나 상속, 세무 분야에 대한 컨설팅 서비스를 제공하고 각종 수수료 매출을 늘리는 데 주력하고자 한다. 개별 지점에서 진행하기 힘든 전문적인 상담은 화상 상담실을 만들어 거점 지점과 연계해 컨설팅할 계획이다.

MUFG는 플래그십 점포 'MUFG 넥스트 MUFG NEXT'도 선보였다. 이 점포는 MUFG가 신규 디지털 기술을 은행에 전면 도입하기 전에 시범 적용하며 고도화하는 곳이다. 고객은 이곳에서 앞으로 등장할 서비스를 1~2년 미리 경험해볼 수 있다. 매장 내에 설치

MUFG가 공개한 미래 점포의 레이아웃. 단순 업무는 입구에 배치한 키오스크에서 대부분 할 수 있다. 대신 고객과의 상담 공간을 늘리고, 직원들의 업무 공간은 거의 보이지 않을 만큼 축소했다.

된 10대 이상의 카메라로 방문객 수, 고객 연령, 매장 내 이동 경로 등을 분석해 매장 개선안도 연구한다. 이들은 주로 애플스토어와 같이 유동 인구가 많으면서도 고급스러운 이미지의 지역에 입점한다. 이는 MUFG가 디지털 선도 은행으로 브랜드 이미지를 형성하는 데 기여하고 있다.

미즈호 은행도 은행과 증권 업무를 결합한 점포를 확대하고 있다. 2019년 전체 지점 중 40%를 이 같은 일체형 점포로 전환했고, 2020년까지 이 모델을 전면화할 예정이다.

카페, 베이커리, 꽃집이 된 은행

─

우리나라에서도 은행들의 새로운 점포 모델 실험이 활발하다. 주로 고객들이 부담 없이 은행에 들르고, 편한 분위기에서 상담받을 수 있도록 다양한 편의시설과 결합한 점포를 만든다. 카페, 베이커리 등의 공간과 결합해 공간 활용도를 높이거나 개인 고객 대상 점포를 큰 규모의 거점 점포로 통합하는 식으로 변화가 이뤄지고 있다.

가장 다양한 실험을 하는 곳은 KEB하나은행이다. 이들은 은행 점포가 대체로 좋은 입지에 들어서는 점에 착안해 다양한 파트너사와 제휴한 '컬처뱅크'를 선보인다. 1호점 방배서래지점에서는 유명 공예 작가의 작품을 전시 및 판매하고, 2호점 광화문역지점에서는 서점을 결합해 고객이 은행 업무를 보러 와서 커피를 마시고 책을 읽을 수 있게 한다. 잠실에 있는 3호점은 자연주의 콘셉트로 꽃집을 들였고, 4호점은 젊은 세대에게 인기 있는 온라인 편집숍 29CM의 오프라인 스토어를 강남역지점에 유치했다. 5호점인 천안역지점에서는 외국인 고객에 집중해 한국어 교육과 국가별 커뮤니티를 운영한다. 이곳은 주말에 무상 의료 서비스도 제공한다.

이 지점들은 고객이 대기하는 동안 지루하지 않게 하는 것을 목표로 하는데, 이는 은행의 딱딱한 이미지를 없애고 고객에게 더욱 친근하게 다가갈 수 있는 효과도 있다. 또한 은행 업무가 끝난 오후 4시 이후나 주말에도 은행 셔터만 내리고 나머지 공간은 활용

카카오와 네이버는 어떻게 은행이 되었나

출처: KEB하나은행

KEB하나은행의 컬처랜드 2호점인 광화문역지점에서는 고객들이 순서를 기다리며 책을 볼 수 있다. 책과 맥주를 같이 판매하는 업체와 제휴해 '책맥'을 할 수 있는 공간도 만들었다.

출처: 29CM

온라인 편집숍 29CM와 협업한 KEB하나은행의 컬처랜드 4호점인 강남역지점은 은행이 문을 닫은 시간에도 29CM는 영업하면서 공간 활용도를 높였다.

할 수 있게 했다.

KB국민은행은 6~7개의 지점을 묶어 거점 지점을 만들고 있다. 2019년 10월 서초동 종합금융센터를 오픈한 이후, 2020년 7월 서울 노원과 부산 부전동에 대형 점포를 열었다. 이들 거점 지점은 그룹 내 여러 계열사의 지점을 모으는 한편, 카페를 들여 편안한 분위기를 연출했다. 영업시간도 오후 7시까지 연장했다.

거점 지점은 통상 3~5개 층으로 구성된다. 1층은 주로 카페와 단순 창구 업무를 결합했는데, 1층만 놓고 보면 여기가 은행인지 카페인지 구분이 안 되게 설계했다. 은행 업무를 위한 대기 공간을 카페로 활용한 것이다. 2층에서는 전문적인 상담 서비스를 제공한다. 자산 관리뿐 아니라 세무, 부동산 상담까지 지원한다. 이 공간은 주변 지점에 방문한 고객에 화상으로 금융 상담을 제공하기 위한 상담실도 갖췄다. 나머지 층은 프라이빗뱅크PB센터와 증권 업무를 볼 수 있는 복합 점포로 꾸몄다. 문화 콘텐츠를 제공하는 시설이나 직원들의 업무 공간도 있다.

KB국민은행은 현금과 서류가 없는 디지털금융점도 운영한다. 이 지점에서는 직원을 통해 진행했던 업무를 고객이 혼자 진행할 수 있게 키오스크를 운영한다. 체크카드나 OTP 발급, 비밀번호 변경, ATM 출금 등록 등 기존에 창구에서 진행했던 여러 업무를 키오스크를 통해 처리할 수 있다. 대신 지점 내부는 고객 상담에 특화한 컨설팅존으로 구성한다. 각 창구는 공간을 분리해 고객이 직원에게 궁금한 점을 눈치 보지 않고 물어볼 수 있다. 기본적인 예·

카카오와 네이버는 어떻게 은행이 되었나

KB국민은행 서초동 종합금융센터는 얼핏 봐서는 카페로 느껴질 만큼 편안한 분위기다. 현재 메가박스의 카페 브랜드인 스템커피가 입점해 있다.

KB국민은행의 KB디지털금융점은 고객 스스로 은행 업무를 볼 수 있게 키오스크와 ATM, 지폐교환기가 배치되어 있다.

적금 개념부터 민감한 세금 문제까지 속 시원히 물으면 된다.

NH농협은행은 2019년 1월 은행 점포에 베이커리를 접목한 '뱅킹 위드 디저트' 지점을 열었다. 우리은행도 카페 폴바셋, 크리스피크림도넛과 결합해 특화 점포를 만들었고, BNK부산은행은 이디야커피와 제휴한 콜라보 점포를 내놓았다. 이처럼 은행의 오프라인 점포의 진화는 계속될 전망이다. 고객의 방문이 뜸해졌다고 무작정 지점을 폐쇄할 수는 없다. 앞으로 은행은 개별 지점의 규모를 차츰 줄이면서 공간 활용도를 높이는 등 여러 시도를 할 것이다. 카페, 유통 업체 등과 협력해 고객의 발길을 붙잡고, 디지털화를 통해 직원들이 효율적으로 일할 수 있도록 할 것이다.

본질적 가치에 주목하면, 미래 전략은 명확해진다

〈카카오와 네이버는 어떻게 은행이 되었나〉를 쓰기 시작한 지 3개월이 지났다. 여러 금융사와 핀테크 기업들과 일하며 얻은 인사이트들을 최대한 쉽게 전하기 위한 고민의 연속이었다. 핀테크 산업이 급격히 변화하는 상황에서, 시장에서 핵심적으로 주목해야 할 변화 방향성을 도출하고 분석하고자 했다. 그리고 빠른 속도로 새로운 서비스들이 성공적으로 시장에 안착하거나 사장되는 상황에서, 꾸준히 발견되는 본질적 특징을 찾고자 했다.

이 과정에서 얻게 된 답은 '고객이 최소 비용으로 최대 효용을 느끼게 해야 한다'는 어쩌면 굉장히 단순한 원리였다. 다만 핀테크로의 전환 속에서 고객이 투자할 '비용'과 얻게 될 '효용'의 범주가 변화한 정도였다.

고객은 금융 서비스를 이용할 때 여러 비용을 지불한다. 수수료와 같은 직접적 비용도 있지만, 은행에 방문하기 위한 비용, 대출, 보험 등에 가입할 때 복수의 상품에 대한 정보를 수집해 비교해야 하는 비용, 금융 상품에 가입하기 위해 들여야 하는 비용 등 여러 간접적 비용이 있다. 핀테크 시대 전에는 이런 비용을 줄이는 데 한계가 있었지만, 지금은 이전과는 비교되지 않을 정도로 큰 변화를 이뤄냈다. 이제는 송금할 때 계좌번호를 입력할 필요가 없다. 카카오톡 친구의 프로필에서 송금 버튼만 누르면 된다. 금융 상품에 가입할 때도 금융사에 가지 않고 집에서 스크롤 몇 번으로 여러 회사의 상품을 비교해 가입 가능하다. 보험금을 청구할 때도 수십장의 문서를 인쇄해 일일이 항목을 손으로 채울 필요 없이 스마트폰으로 사진 몇 장만 찍어 업로드하면 된다.

고객이 느낄 수 있는 '효용'도 달라졌다. 과거에는 운용 수익에 따라 몇 퍼센트의 이율을 제공하는지만이 중요했다. 이 이상의 차별화된 가치는 매우 제한된 몇몇 고객에게만 줄 수 있는 것이었다. 그러나 이제 금융 서비스가 주는 효용의 범주에는 이율 외에도 유통, 통신 서비스, 차량 호출, 여행, 주택 구입 등이 포함된다. 타 서비스와 연계된 부가 혜택과 재무적·비재무적 조언도 있다. 고객들이 쇼핑하거나 여행 갈 때 금융사로부터 여러 맞춤형 혜택을 얻는

카카오와 네이버는 어떻게 은행이 되었나

것, 은행으로부터 자신의 소비 생활이나 부동산, 커리어에 대한 조언을 얻는 것 등 과거에는 상상할 수 없었던 가치다. 특히 이런 혜택은 디지털화된 방식으로 구현되어 고객 증가에 따른 추가 비용이 아주 미미해 고객별로 개인화된 방식으로 제공될 수 있다. 다만 '고객이 덜 노력해서 더 많은 혜택을 갖게 한다'는 본질을 모두가 알고 있음에도 이에 얼마나 집중하는지에 따라 각 기업과 서비스의 성과는 뚜렷한 차이가 났다.

한국의 여러 전통 금융기관들은 그저 외부 환경이나 경쟁 변화에 대응하기 위해 벤치마킹에만 집중하는 경향이 있다. 선도적이라 정의되는 서비스의 표면적인 모습을 신속히 복제하는 데만 초점을 두는 것이다. 예를 들면 토스와 같은 간편송금 서비스가 주목받으면 비슷한 기능이나 화면 구성을 가진 간편 모바일 뱅킹 서비스를 내놓거나, 뱅크샐러드가 자산 관리 서비스를 한다고 하면 유사한 재무 관리 앱을 만드는 식이다. 개발부터 출시까지 소요되는 속도도 가히 놀랍다. 빠르게 외부 협력 업체들로부터 개발 인력을 모아 몇 달이면 외관이 유사한 서비스를 만들어낸다.

그러나 이들은 성공적인 핀테크 서비스들의 표면만 '따라' 했을 뿐, 해당 서비스를 만들기 위해 기업이 가진 철학이나 어떤 기능을 제공하고자 하는지에 대한 문제의식, 구체적으로는 특정한 버튼

하나를 어디에 배치하느냐까지 치열하게 토론해온 조직 문화적 요소까지 모방하지는 못한다. 화면 설계, 서비스 구성은 비슷했을지라도 해당 서비스가 주는 고객 경험에는 결과적으로 상당한 격차가 야기된다. 여전히 성공적인 몇몇 핀테크 서비스가 시장을 압도하는 가운데 다른 서비스들은 답보 상태에 빠지는 이유가 바로 이 때문이다. 조직 내부적으로 서비스를 만드는 프로세스, 시스템, 인적 역량 그 어떤 것도 발전하지 못한 채 무작정 경쟁사의 서비스를 복제하면서 시장에 대응하는 방법은 결국 기업에 독이 된다. 장기적으로 봤을 때 실제로 이러한 경우가 빈번하다.

그래서 전통 금융기관들이 혁신적인 핀테크 서비스로 나아가기 위해 노력하고 있지만, 그들의 수준에 미치기에는 역부족이라는 평만 나온다. 고객들은 핀테크 서비스에 열광하며, 금융기관 서비스는 왜 더 나아지지 않는지 의문만 가진다. 비용 측면에서도 인터넷전문은행들은 고객당 50~60달러만 벌면 수지타산을 맞출 수 있음에도 전통 은행들이 200~400달러가량 돈을 벌어야 하는 구조다.[1] 여전히 전통 금융기관들이 자신들이 집중해야 할 곳에 힘을 제대로 쏟아붓고 있지 못함을 보여준다.

선도적인 핀테크 서비스들은 끊임없는 고객 개발과 서비스 탐색 과정이 당연한 조직 문화로 받아들여지지만, 이를 제외한 절대다수의 전통 금융기관들은 여전히 과거의 성공 공식에 얽매여 '변화가 필요하다'는 것이 말로만 맴돌 뿐 체계적인 실행으로 옮겨지지 않고 있다. 즉, 본질에서 점점 멀어지는 것이다. 예측 불가능할 정도로 급격히 변화하는 미래를 돌파하기 위해서는 가장 본질적인 가치에 집중해야 한다. 이는 과거의 성장 공식을 천착하는 것이나 경쟁사들의 전략이나 상품을 모방하는 것과는 거리가 멀다. 우리가 집중해야 할 것은 '어떻게 하면 고객이 최소 비용으로 최대 효용을 느끼게 하냐'는 고객 관점과 '이를 구현하기 위해 우리 조직은 어떻게 변화해야 하나'는 조직 관점의 질문이다. 고객들이 어떤 것을 불편해하고, 어떤 것에 열광하는지 집요하게 파악할 수 있는 역량, 이를 조직 차원에서 체계적으로 실행하고 접목해 성과로 만들어낼 수 있는 행동 양식, 그리고 미래 방향성에 기여하지 못하는 곳에서는 쓸모없는 노력을 중단하고 정말 필요한 곳에만 힘을 쏟게 하는 과감한 결단력이 요구된다.

끝으로 가장 든든한 버팀목이자 양분이 되어주시는 아버지, 어머니를 비롯한 우리 가족, 소중한 주변 사람들, 그리고 이 책을 쓰는 데 많은 격려와 조언을 아끼지 않으신 베인앤드컴퍼니 서울오피스, 아톤, 경영전략학회 S&D, 출판사 미래의창의 구성원들께 깊은 감사의 말씀을 전한다. 또한 금융 환경의 변화에 따라 금융업

전반적으로 큰 도약을 이뤄가는 중대한 시기에, 이 책이 많은 이들에게 핀테크에 대한 관심을 환기하며 시장 성장에 기여할 수 있기를 기대한다.

1부 ╲ 모든 비즈니스는 핀테크로 통한다

1 2018년 모바일 금융서비스 이용행태 조사결과, 한국은행, 2019. 5. 10.

2 2019년 전자지급서비스 이용 현황, 한국은행, 2020. 3.

3 'Next in Google's Quest for Consumer Dominance: Banking', The Wall Street Journal, 2019.11.13.

4 2017 FDIC National Survey of Unbanked and Underbanked Households.

5 'Fintech investment deals edge higher in the first half of 2020 compared to 2019', The Paypers, 2020. 8. 27.

6 US Mobile Payment Users 2019, eMarketer, 2019. 10.

7 2019 스타벅스커피코리아 감사보고서.

8 '커피회사야 은행이야…스타벅스, 1조 모은 핀테크', 한겨레, 2018. 12. 9.

9 'Los coffee banking, ¿jugada maestra o puro blef?: esto dicen los bancos que suman café y networking en sucursales', iProUp, 2019. 12. 23.

10 2019년 중 지급결제동향, 한국은행, 2020. 3. 5.

11 온라인쇼핑동향, 통계청.

12 GSMA(https://www.gsma.com/mobileeconomy)의 자료.

13 2017 Global Findex database, World Bank, 2018.

14 2019 FinAccess Household Survey, FinAccess, 2019. 4.

15 'The long-run poverty and gender impacts of mobile money', Tavneet Suri & William Jack, 2016. 12. 9.

16 비바리퍼블리카 감사보고서, 2018-2019.

17 2019년 중 국내 인터넷뱅킹서비스 이용현황, 한국은행, 2020. 4.

18 '오픈뱅킹 후 앱 점유율, KB 늘고 토스 줄고', 매일경제, 2020. 1. 12.

19 'Venmo Has 40 Million Users, Outnumbering Most Big Banks', The Wall Street Journal, 2019. 4. 24.

20 'Cash App eclipsed Venmo during the pandemic, according to this one metric', The Next Web, 2020. 6. 29.

21 'People use Venmo to spy on cheating spouses—it's proving more effective than Facebook', MarketWatch, 2018. 7. 3.

22 '은행별로 앱만 10개?…금융소비자들은 "풍요 속 혼돈"', 시사저널, 2019. 8. 12.

2부 ＼ IT를 업고 부상한 신흥 금융 강자들

1   2019 중국 평균 임금 변화 및 증가 현황, KOTRA, 2019. 11.

2   'In Depth: How New Mutual Aid Platforms Fill a Hole in China's Health-Care Coverage', Caixin, 2020. 6. 12.

3   'China's Ant Financial has no timetable for a listing but targets 2 billion users in a decade', CNBC, 2019. 11. 19.

4   'Kakaobank: The single application is everything', Euromoney, 2019. 9. 26.

5   2019년 지급수단 및 모바일금융서비스 이용행태 조사결과, 한국은행 금융결제국, 2020. 3.

6   '같지만 다른 은행, 카카오뱅크를 만나다', 카카오뱅크 블로그, 2017. 7. 28.

7   '쉽다, 편하다, 재밌다! UX 혁신으로 은행 성공 공식을 바꾸다', 동아비즈니스리뷰, 2018. 1.

8   'South Korea web-only banks thrive as traditional lenders struggle', Financial Times, 2017. 10. 5.

9   'The Future of Southeast Asia's Digital Financial Services', Bain&Company, 2019. 10. 30.

10   World Bank.

11   'GrabPay is the preferred e-payment platform in Singapore, report says', KrASIA, 2019. 11. 14.

12   'Investors urge SoftBank to deliver Grab-Gojek tie-up in Indonesia', Financial Times, 2020. 3. 8.

13   'Nubank shakes up Brazil's banking bureaucracy', Financial Times, 2020. 3. 30.

14   'Brazil's Sky-High Lending Rates Hurt Consumers—and Economic Growth', Wall Street Journal, 2018. 8. 31.

15 'One of Latin America's most valuable startups is changing the way Brazilians bank', CNN Business, 2019. 12. 6.

16 'Delivery startup Rappi partners with Visa to offer pre-paid cards in Brazil', Reuters, 2019. 6. 20.

17 'The Great Stack: Paystack is building an army of exceptional execs', VentureBurn, 2020. 7. 2.

18 'Is college still worth it?', FRED, 2018. 7. 9.

19 '20 Years of Tuition Growth at National Universities', US News, 2019. 9. 19.

20 'These five charts show how bad the student loan debt situation is', CNBC, 2019. 4. 24.

21 'Student Debt As An Asset Class: A $1 Trillion Opportunity?', Forbes, 2014. 12. 29.

22 'The Power of the Salary Link: Assessing the Benefits of Employer-Sponsored FinTech Liquidity and Credit Solutions for Low-Wage Working Americans and their Employers', Harvard Kennedy School, 2018.

23 'Payday Loan Facts and the CFPB's Impact', PEW, 2016. 2. 14.

24 'Revolut racks up losses as hiring spree offsets revenue', Financial Times, 2020. 8. 11.

25 'UK fintech Revolut raises $80m despite pandemic fallout', Financial Times, 2020. 7. 25.

26 'Revolut insiders reveal the human cost of a fintech unicorn's wild rise', Wired, 2019. 2. 28.

27 'Inside Revolut's bid to be the Amazon of banking, and the lessons it's learned from breakneck growth', CNBC, 2019. 7. 5.

28 'Schwab Puts It All Online Schwab bet the farm on low-cost Web trading and in the process invented a new kind of brokerage', CNN Money, 1998. 12. 7.

29 'Young, Poor and Looking to Invest? Robinhood Is the App for That', Wall Street Journal, 2015. 1. 6.

30 위와 동일 출처.

31 Alphacution Research Conservatory.

32 'Zillow's home-buying service debuts in Orlando', Orlando Sentinel, 2019. 6. 10.

33 'Record U.S. Expansion Likely Undone by COVID-19', Fannie Mae, 2020. 4. 15.

34 'Direct insurers paying less to attract customers', Chicago Tribune, 2015. 5. 15.

35 'Lemonade Launch Metrics Exposed!', Medium, 2016. 10. 6.

36 'Find Homeowners Insurance Cost by State', Insure.com

37 'The Digital Insurer', IBNR Weekly 37, 2019. 9. 29.

38 'Lemonade Sets a New World Record', Lemonade Blog, 2017. 1. 1.

39 'Lemonade-The first anniversary interview with CEO Daniel Schreiber', Digital Insurance Agenda, 2017. 10. 3.

3부 ↘ 핀테크 트렌드로 보는 미래 금융

1   '코로나19 여파에 고령층 모바일 뱅킹 가입자 급증', 서울신문, 2020. 5. 25.

2   'Coronavirus crisis mobile banking surge is a shift that's likely to stick', CNBC, 2020. 5. 27.

3   '코로나19 확산 이후 국내 지급결제동향', 한국은행, 2020. 7. 14.

4   'New behaviors are poised to continue post-pandemic', RTiresearch, 2020. 5.

5   'Cash-loving Germany switches to contactless payment due to coronavirus fears', The Local de, 2020. 3. 21.

6   '코로나 이후 은행·주식 앱이 쇼핑·게임 앞질러', 조선비즈, 2020. 7. 22.

7   'Many Americans used part of their coronavirus stimulus check to trade stocks', CNBC, 2020. 3. 21.

8   '단독 KB금융-엔씨소프트, 인공지능(AI) 기반 투자 합작사 추진', 뉴스1, 2020. 8. 17.

9   '간편결제·간편송금 트렌드 리포트', 오픈서베이

10 'Pandemic delays launch of Taiwan's virtual banks', Kapronasia, 2020. 7. 7.

11 '카카오뱅크, 500만 가입자 돌파… "2030세대 잡았다"', 뉴스핌, 2018. 1. 8.

12 '고정희 파트장 "카카오뱅크의 경쟁력은 사용자 집중과 디테일"', 한국경제, 2020. 1. 22.

13 '뱅크샐러드가 1,081명의 사용자를 만난 이유', 뱅크샐러드 브런치, 2018. 8. 16.

14 '"흩어져 있는 개인 금융 정보 모아 자산 관리" - 김태훈 레이니스트 대표 인터뷰', 이코노미조선, 2018. 11. 05.

15 '오픈뱅킹 운영 및 추진현황', 금융결제원, 2020. 7. 6.

16 '오픈뱅킹 도입 의의와 발전을 위한 제안', 비바리퍼블리카 금융위원회 발표, 2020. 7. 6.

17 '"카드사는 이제 플랫폼 기업… 일류업체 모아 데이터 동맹 만들 것"', 조선일보, 2020. 8. 26.

카카오와 네이버는 어떻게 은행이 되었나

18   'Yuval Noah Harari on big data, Google and the end of free will', Financial Times, 2016. 8. 26.

19   '카드사 '언택트 마케팅' 경쟁에 핀테크사만 배불려', 뉴데일리경제, 2020. 5. 14.

20   'China's global yuan push makes inroads in Asia and Africa', NIKKEI Asian Review, 2020. 8. 25.

21   'People Aren't Visiting Branches. Banks Are Wondering How Many They Actually Need.', The Wall Street Journal, 2020. 6. 7.

22   'Pandamic speeds up push to digital as bank branches close', Financial Times, 2020. 9. 9.

23   Ho, C.S.T., Berggren, B. The effect of bank branch closures on new firm formation: the Swedish case. Ann Reg Sci 65, 319-350 (2020)

에필로그

1   'A bank in your pocket', The Economist, 2019. 5. 4.

카카오와 네이버는 어떻게 은행이 되었나

핀테크 트렌드로 보는 밀레니얼이 원하는 미래 금융

초판 1쇄 발행 2020년 12월 21일
초판 11쇄 발행 2021년 10월 26일

지은이 김강원
펴낸이 성의현
펴낸곳 미래의창

편집주간 김성옥
책임편집 김효선
디자인 공미향
마케팅 연상희 · 김지훈 · 이보경 · 김다울

등록 제10-1962호(2000년 5월 3일)
주소 서울시 마포구 잔다리로 62-1 미래의창빌딩(서교동 376-15, 5층)
전화 02-338-5175 **팩스** 02-338-5140
홈페이지 www.miraebook.co.kr
ISBN 978-89-5989-694-3   03320

※ 책값은 뒤표지에 있습니다. 잘못된 책은 바꿔 드립니다.

이 도서의 국립중앙도서관 출판예정도서목록(CIP)은 서지정보유통지원시스템 홈페이지(http://seoji.nl.go.kr)와
국가자료공동목록시스템(http://www.nl.go.kr/kolisnet)에서 이용하실 수 있습니다.(CIP제어번호: CIP2020047769)

생각이 글이 되고, 글이 책이 되는 놀라운 경험. 미래의창과 함께라면 가능합니다. 책을 통해 여러
분의 생각과 아이디어를 더 많은 사람들과 공유하시기 바랍니다.
투고메일 togo@miraebook.co.kr (홈페이지와 블로그에서 양식을 다운로드하세요)
제휴 및 기타 문의 ask@miraebook.co.kr